# scrap
# du Shabby au Vintage

Prisca Jockovic

**CréaPassions**
www.creapassions.com

**Dans la collection A vos cartes**

*Des cartes créatives pour toutes les occasions, Sylvie Corre-Lopès, octobre 2006, ISBN 978-2-916495-08-8, prix : 15 €*

*Les encres, carterie et scrapbooking, Isabelle Norris, février 2007, ISBN 978-2-916495-12-5, prix : 15 €*

*Découvrez l'art postal, Karine Brosse, juin 2007, ISBN 978-2-916495-24-8, prix : 15 €*

*Les ATC : créez et échangez vos cartes d'artistes, Emmanuelle Ballereau, Laurie Batic, Séverine Sorbier, septembre 2007, ISBN 978-2-916495-30-9, prix : 15 €*

**Dans la collection ScrapAttitude**

*Scrap Découverte, Françoise Guirault, avril 2006, ISBN 2-916495-00-2, prix : 15€*

*Scrap Digital, Anne Huynh-Druart, avril 2006, ISBN 978-2-916495-01-9, prix : 15€*

*Scrap Créatif, Karine Cazenave-Tapie, juin 2006, ISBN 2-916495-03-7, prix : 15€*

*Scrap Embellissements, Prisca Jockovic, juin 2006, ISBN 978-2-916495-02-6, prix : 15€*

*Scrap Les mini albums, Karine Cazenave-Tapie, septembre 2006, ISBN 978-2-916495-05-7, prix : 15€*

*Scrap Couture, Prisca Jockovic, septembre 2006, ISBN 978-2-916495-04-0, prix : 13€*

*Scrap Tampons, Sandra Charbonnel, septembre 2006, ISBN 978-2-916495-06-4, prix : 15€*

*Scrap Héritage, Patricia Decaudin, octobre 2006, ISBN 978-2-916495-07-1, prix : 13€*

*Scrap : personnalisez vos albums photos, Sophie Perrin, février 2007, ISBN 978-2-916495-11-8, prix : 15€*

*Scrap bébé : pages, albums et objets, Audrey Cabus et Isabelle Boucher, avril 2007, ISBN 978-2-916495-13-2, prix : 15€*

*Scrap : l'art de récupérer et de détourner, Vanessa Lepart, mars 2007, ISBN 978-2-916495-16-3, prix : 15€*

*Scrap Journaling : racontez et animez vos pages, Mélanie Lagarde, mars 2007, ISBN 978-2-916495-14-9, prix : 13€*

*Scrap Mariage, Audrey Cabus, Cynthia Dumont, Virginie Guyon et Corinne Leclercq, juin 2007, ISBN 978-2-916495-18-7, prix : 15€*

*Scrap Voyage, Catherine Baussand et Cathy Masqueliez, juin 2007, ISBN 978-2-916495-25-5, prix : 15€*

*Scrap façon mixed media, Stéphanie Jousse, Séverine Sorbier et Sabine Vally-Thomas, juin 2007, ISBN 978-2-916495-23-1, prix : 15€*

*Pages et albums créatifs en scrap, Françoise Guirault, septembre 2007, ISBN 978-2-916495-33-0, prix : 15€*

*Scrap : du Shabby au Vintage, Prisca Jockovic, septembre 2007, ISBN 978-2-916495-28-6, prix : 15€*

*Le Scrap pour les enfants, Nathalie Picard-Piedel, septembre 2007, ISBN 978-2-916495-27-9, prix : 15€*

*Objets et pages de scrap en feutrine, Edwige Bufquin-Coutaud, Nathalie Petit, septembre 2007, ISBN 978-2-916495-31-6, prix : 15€*

**Dans la collection A vos bijoux**

*Bijoux créatifs en pâte polymère, Virginie Arbus, avril 2007, ISBN 978-2-916495-19-4, prix : 13€*

**Dans la collection A vos cadres**

*Cadres en scrap, Marie-Anne Léonard et Catherine Bluteau, mars 2007, ISBN 978-2-916495-15-6, prix : 15 €*

**Dans la collection DécoAttitude**

*Décorez votre intérieur avec des meubles en carton, Elsa Pagis, mai 2007, ISBN 978-2-916495-22-4, prix : 13€*

**Dans la collection Square des Loisirs**

*60 minutes pour réussir vos photos de voyage, Jean-Marc de Faucompret, juin 2007, ISBN 978-2-916495-21-7, prix : 9,90 €*

*30 desserts créatifs pour toutes les occasions, Mercotte, septembre 2007, ISBN 978-2-916495-29-3, prix : 12 €*



**Direction des collections CréaPassions**
**Emmanuelle PROT**
Tél : 06 27 58 41 21
Email : eprot@creapassions.com

**Edition : Didier VITRAC**
Email : dvitrac@creapassions.com


ISBN 978-2-916495-28-6

CréaPassions™, ScrapAttitude™, DecoAttitude™ et Square des Loisirs™ sont des marques déposées par Eurofina Publications S.A. 20 boulevard Victor Hugo 87000 Limoges.

# Plongez-vous dans l'univers **scrappé** de **Prisca...**

Voici le troisième opus d'une scrappeuse française que chacun reconnaît comme une véritable artiste. Après Scrap Embellissements, et Scrap Couture, plongez-vous dans le nouveau livre de Prisca Jockovic, dédié à deux styles de scrapbooking qu'elle affectionne tout particulièrement, le Shabby et le Vintage.

Shabby, littéralement « usé » ou « abîmé » en anglais, a pour principe simple de vieillir des objets. Un style très à la mode, notamment dans les pays anglo-saxons, mis au goût du jour par une anglaise en Californie. Le Shabby, c'est tout simplement l'art de faire du neuf avec du vieux, de jouer sur la récup' et le chinage. Quant au Vintage, qui vient également de l'anglais, il symbolise un style rétro dans la mode. Avec ces deux styles, différents mais complémentaires, vous allez concevoir des pages et des objets uniques en scrap.

Des créations pleines de douceur, d'inventivité, d'élégance... bref pleines de magie ! Même une simple boîte d'œufs ou un carré de pelouse synthétique va trouver une seconde vie dans l'imaginaire artistique de Prisca.

Découvrez au fil des pages de cet ouvrage des créations uniques et originales comme cet album appareil photo, jouant sur les transparents et les ouvertures, des mini albums qui vont vous charmer, astucieux mélanges de pliages, découpages, décorations imaginées par Prisca où viendront se poser fées et anges en tout genre.

**Emmanuelle PROT**
Directrice de la collection ScrapAttitude

**astuce**

**Retrouvez-nous sur www.creapassions.com pour découvrir tous nos ouvrages, et bénéficier d'astuces gratuites.**

sommaire

Suivez ses conseils et astuces pour créer vos décorations, travailler les matières comme le lin, récupérer et recycler le moindre petit objet pour donner une ambiance à vos projets. Vous allez vous approprier de nombreuses techniques : ponçage, encrage, embossage, collage, transfert d'images, patine, décoloration, vieillissement avec de la peinture, etc. Vous allez également apprendre à utiliser la Watercolor, les techniques de retouche de photos qu'utilise Prisca dans son scrap, les logiciels de traitement de texte pour illustrer vos créations.

Evidemment, la décoration et l'esprit déco maison ne sont pas oubliés dans cet ouvrage avec la customisation d'une boîte à clefs, la création d'albums photos en forme de maison ou de lit ! Sans oublier cet ingénieux album photo façon ordinateur portable qui va vous émerveiller ou cet album gâteau d'anniversaire qui va devenir un grand classique demandé par tous les enfants.

Des projets dont vous trouverez en fin d'ouvrage, dans le carnet technique, tous les détails et gabarits pour les créer à votre image.

Alors bienvenue dans la féérie scrappée de Prisca et à vos photos !

## Les créations



## Le carnet technique

# Du **Shabby** au **Vintage**

Découvrez au travers de ce livre deux styles différents mais complémentaires. Entrez dans un monde fleuri flirtant avec le romantisme, où les couleurs comme le rose, le vert, le beige ou le marron tiennent une place de choix.

## Les techniques de vieillissement

Entrez dans le vif du sujet et donnez un aspect usé et abîmé à vos pages en encrant, peignant, ponçant, froissant... Retrouvez les différentes méthodes expliquées dans le carnet technique de la page 86 à la page 97.

## Les embellissements

Ils sont représentés par les arabesques, les boutons, les fleurs, les papillons, les angelots, le silhouettage... Dans ces deux styles, les objets anciens côtoient les objets neufs pour une note rustique et chic ; c'est le mélange des époques et des genres.

Suivez dès à présent les exemples de pages et de mini albums travaillés sur différentes matières (papier, carton, lin, tissu, toile de jute, canvas...). Imaginez une autre façon d'animer vos pages en mariant futilité, élégance et douceur !

**ADORABLE M.** Jouez l'élégance en associant du rouge vif aux teintes pastel comme le rose, le jaune et le vert. Osez des combinaisons de couleurs qui donneront des pages riches et profondes.

### conseil

Les techniques de vieillissement étant nombreuses, combinez-les pour des réalisations élaborées.

**GROS BISOUS.** Mélange de Shabby et de Vintage, cette page aux couleurs passées mais lumineuses évoque bien le côté romantique de ces deux styles. Ils se traduisent dans le choix des papiers et des embellissements.

# 1. Adoptez le **Shabby**

## Qu'est-ce que le Shabby Chic ?

Si l'on se fie à la définition du dictionnaire Anglais/Français, le mot « Shabby » signifie usé, râpé, élimé, et « Chic » indique sophistiqué, stylé, en vogue. Associez donc les deux définitions et cela donne un aspect à la fois usé et stylé.

## Vous trouverez des papiers et des embellissements

Une large gamme de papiers et d'embellissements ont vu le jour. Les marques, telles que Melissa Frances, Crate Paper, Anna Griffin, Autumn Leaves (Foofala) ou Daisy D's, ont la particularité d'avoir adopté des papiers aux motifs fleuris et/ou usés, encrés et éraflés expressément pour ce style de page. Porte-étiquettes, tags, boutons, brads (attaches parisiennes)... aux formes ornementales ressurgissent. Vieillissez-les en les peignant ou en les encrant et les ponçant.

## Veillez à bien associer motifs et couleurs

Les motifs fleuris sont à l'honneur, associez-les à des papiers rayés et à pois, ils se compléteront à merveille. L'harmonie des couleurs est très importante. Jouez avant tout sur les tons pastels : rose pâle, vert amande, bleu ciel, que vous associerez avec du blanc, du beige ou du marron. Apportez quelques touches de contraste en utilisant des embellissements aux couleurs plus soutenues. Amusez-vous à combiner tous les roses, des plus vifs aux plus pâles pour un style plutôt « girly » ou composez une page gaie et romantique à la fois (voir page 6 « Adorable M ») en osant le mariage du rouge avec du blanc, du jaune et du rose. N'oubliez pas les associations uniques de blanc/écru/beige/marron, des couleurs tout à fait basiques mais qui rappelleront à merveille les trousseaux de nos grand-mères (voir le mini album « Photos », page 28).

### à savoir

***D'où vient le mot Shabby Chic ?***

C'est une anglaise du nom de Rachel Ashwell, habitant aujourd'hui la Californie, qui est à l'origine de cette tendance. Le Shabby est avant tout un style de vie, une atmosphère romantique dans une maison avec des tissus foisonnant de fleurs, des meubles chinés, peints en blanc ou en pastel et ensuite élimés au papier de verre. C'est donc de façon tout à fait populaire que le Shabby est arrivé dans nos pages de scrap.

**LENA.** Cette page pleine de douceur aux couleurs printanières est composée de lettres en bois peintes, de papillons découpés et d'ornements tamponnés. Une page d'un livre portant sur l'aquarelle sert de mattage (ou matting) à la photo. Un encrage discret et l'association de fleurs en soie et en papier apportent de la poésie à l'ensemble de la composition.

# Encrez

**DU BONHEUR.** Cette technique est certainement la plus usitée dans le scrap. Bien employée, elle harmonisera et adoucira à coup sûr votre page tout en lui conférant un aspect vieilli et rustique. L'encre Memories Artprint Brown a été utilisée sur cette page.

**Voir le carnet technique pages 86 et 87 pour les techniques d'encrage et page 98 pour la réalisation de ce projet.**

## conseil

Prévoyez des encres dans des dégradés de marron et de noir uniquement. Les encres de la marque « ColorBox Chalk » (black, brown, creamy brown, dark brown, chestnut roan et charcoal) sont idéales pour leur rendu diffus, ainsi que les encres de la gamme « Memories » dont les effets sont plus soutenus. Travaillez donc avec ces deux types d'encre selon le résultat que vous souhaitez obtenir.

# Peignez à l'**acrylique**

1

2

3

**4 ANS (Fig. 1).** Le fond blanc est peint en vert. De la dentelle fine, une photo et des fleurs ont ensuite été ajoutées.

**JOCKOVIC FAMILY (Fig. 2).** Représentant un mur sur lequel on aurait accroché des tableaux avec des photos de famille, ce fond de page est peint en vert. Six cadres, le titre et les fleurs sont peints en blanc. Ajoutez de la couleur à la composition avec une fleur rose vif.

**GUYLAINE ET SYBILLE (Fig. 3).** La cartonnette est recouverte de peinture blanche. Sur les photos, la serviette est colorisée avec de l'acrylique verte. Les fleurs de tiaré et les feuilles sont tamponnées dans du lin puis découpées avant d'être disposées sur le support.

## astuce

Réalisez vos pages sur des fonds cartonnés que vous aurez au préalable recouverts d'acrylique.

**MA PETITE FÉE.** Peignez une chute de lin avec de la peinture blanche. Une fois le support sec, tamponnez votre fond de page avec des foam stamps (ou tampons en mousse) et de l'acrylique. Utilisez pour cela trois roses différents, chevauchez les motifs et alternez les formes. Rajoutez le titre avec de la peinture bleue. Cousez la chute de lin travaillée sur un papier imprimé et rajoutez trois photos en alternant les formats.

# Colorez vos fonds de page avec la **Watercolor**

## MA COULEUR DU BONHEUR

Apportez une touche de fraîcheur et de légèreté à vos supports peints en blanc en appliquant de la Watercolor (ou aquarelle). Le fond de cette page est entièrement réalisé avec la technique du lavis. Pour donner de l'effet, n'hésitez pas à mélanger et à diluer des coloris qui se rapprochent avec beaucoup d'eau. Inclinez ensuite votre page de manière à laisser couler la peinture diluée vers le bas, puis vers le haut. Rajoutez des tonalités plus vives en laissant bien sécher entre deux applications. Finissez la mise en couleur de votre fond de page en utilisant des craies grasses afin d'accentuer le contour qu'auraient pu laisser certaines « coulures » d'aquarelle.

## à savoir

Tubes, roues, crayons ou feutres aquarellables, la Watercolor se décline dans divers accessoires. Exploitez aussi l'aquarelle pour la mise en couleur de motifs que vous aurez tamponnés, imprimés, dessinés ou découpés.

### C'EST LA VIE

Composez cette page sur du carton. Abîmez ce dernier pour qu'apparaissent les ondulations à certains endroits. Passez ensuite une couche de gesso pour apprêter le fond. Découpez différentes fleurs dans une serviette à motifs puis collez-les avec une colle spéciale serviettage. A l'aide d'un pinceau à eau et de la « roue Watercolor », mettez en valeur le contour de chacune des formes collées par petites touches de rose, de vert et de marron.

### QUAND VIENT LE PRINTEMPS

Travaillé dans les pages d'un livre cartonné destiné aux enfants, ce projet reprend les différentes méthodes appliquées aux deux pages précédentes.

**MON JARDIN EXTRAORDINAIRE.** Donnez une dimension artistique à votre page en combinant Watercolor, serviettage, feutre noir et 3D. Apprêtez le fond d'un carton épais avec du gesso et uniformisez-le en le peignant avec des dégradés de bleu et de vert à l'aide de la roue Watercolor. Découpez de larges motifs fleuris dans une serviette en papier et collez-les sur la page afin de la recouvrir presque entièrement. Harmonisez le contour des fleurs avec quelques touches de Watercolor. Rajoutez des découpages et des stickers (ou autocollants) que vous rehausserez avec du double face 3D. Finissez en relevant certains motifs et textes avec un feutre fin noir.

# Teintez ou décolorez

**TOUJOURS BIEN EN BLUE JEAN.** Vieillissez vos tissus, papiers, rubans, dentelles en les teintant avec des dyes ou en les décolorant avec de l'eau de javel **(voir le carnet technique page 90)**. Sur cette page, une chute de jean a été passée dans un bain de javel. Elle a ensuite servi à réaliser le titre tamponné et la fleur bâtie sur quatre épaisseurs.

# Déchirez et poncez

Ces deux méthodes consistent à abîmer le papier afin de lui donner une « dimension » et un côté texturé intéressant.
**Voir le carnet technique page 91.**

## ELISA

Découpez une grande bande de papier imprimé réversible ainsi qu'une page d'un livre ancien. Déchirez le bas de chaque papier de manière irrégulière. « Rouleautez » légèrement les bords déchirés puis encrez. Abîmez l'ensemble de votre page en collant, à certains endroits, des petits morceaux de Scotch transparent que vous arracherez ensuite d'un geste vif.

## LA VIE, C'EST AIMER

Certains papiers se prêtent mieux que d'autres au ponçage. Le grain du papier de verre a son importance. Ici l'utilisation d'un grain fin a permis un ponçage relativement discret rajoutant une note de douceur sur une page monochromatique. Toutes les chutes de papier sont travaillées une à une avant d'être collées sur la page.

# Chalkez

**JOLIES PRINCESSES.** Apportez un côté nostalgique à votre photo en l'imprimant sur du papier Bazzill blanc. Rehaussez ensuite certains éléments de la photo en les coloriant avec des chalks (craies sèches).

# Embossez

**JOYEUX NOËL ET BONNE ANNÉE.** Pratiquez l'embossage avec de la poudre dorée sur le contour de la page, sur la grosse fleur et sur le chipboard « & » afin d'apporter une note chic et raffinée à la composition.

# Jouez la **transparence**

### MA TASSE DE THÉ

Jouez la transparence en transférant des images sur des adhésifs larges. Ici, c'est une page d'un magazine renommée qui a servi de base au transfert, le fond au motif fleuri étant en parfaite harmonie avec la photo.

**Retrouvez les explications dans le carnet technique page 93.**

### PRENDRE LA POSE

Un digikit téléchargé sur un site marchand (The Icing on Top de Sande Krieger) est imprimé intégralement sur un transparent de format 21 x 29,7 cm. Afin que les monogrammes ressortent bien, le transparent est collé sur une feuille blanche. L'association des couleurs bigarrées et inattendues des monogrammes a permis de composer une page très printanière.

# Pratiquez le **silhouettage**

### MA PETITE MÉNAGÈRE

Cette technique vieille de plus de cent ans est de style Victorien et revient en force sur nos pages. Téléchargez des polices Dingbats (SilhousOldfashion et DBQ's ChildrenSilhouette) et imprimez une silhouette dans la taille désirée. Collez ensuite le motif sur un cardstock uni. Le noir est alors la couleur la plus appropriée car elle permet de bien faire ressortir les détails, qu'ils soient plus ou moins fins. Découpez proprement son contour, utilisez pour cela une paire de ciseaux fins. Plus les détails sont précis, plus la silhouette prend son importance.

### DU THÉ POUR DEUX

Sur cette page, la silhouette est agrémentée de couleur. La robe est découpée dans du papier imprimé puis collée sur la silhouette. Une chute de ruban et une fleur finissent sa décoration.

## conseil

Mettez vos silhouettes en relief en les collant avec du double face 3D.

# Ajoutez un **mini album** sur votre page

**TATIANA**

Cette page est agencée sur une cartonnette recouverte de tissu et de dentelle. Donnez lui un côté interactif en intégrant un mini album et servez-vous de la couverture comme support d'embellissement. Fabriquez la structure dans un cardstock 30 x 30 cm. Découpez-le en deux, pliez vos chutes de papier en deux parties égales, soit à 15 cm. Rabattez et collez une partie sur l'autre afin d'obtenir trois pages. Décorez la structure de tissu, de dentelle, de rubans, de tulle, de bandes de gaze et de photos. Embellissez la couverture en collant un cadre en métal surélevé d'un monogramme et d'une fleur aux couleurs vives. Ajoutez enfin un pompon à rideaux relié à un bouton qui fera office de système d'ouverture.

# Adoptez les **fleurs**

**N'OUBLIE PAS MAMAN QUE JE T'AIME**

Fleurs en soie, papier, tissu, rub-ons (ou décalcomanies), etc. Ces éléments finissent vos pages en un clin d'œil. Agrémentez-les d'embellissements divers plus ou moins volumineux : boutons, pinces, brads, perles… et pourquoi pas d'un petit ange comme ici, posé au centre de la fleur. Ce canvas est décoré avec de nombreux éléments hétéroclites et disparates mais l'ensemble reste harmonieux.

**12345 PETITS BONHEURS.** Les fleurs ayant une place de choix dans le style Shabby Chic, fabriquez-les vous même dans divers papiers à motifs ou texturés. **Reportez-vous à la page 99 du carnet technique pour la construction de cette page**.

# Adoptez les **anges**

**ADRIEN.** Certaines images un peu désuètes embellissent nos pages Shabby et Vintage. Ces angelots donnent un petit air fantaisiste et charmeur à la composition. Ce sont des polices Dingbats (Gabriel's Angels) imprimées à 300 points sur du papier texturé puis découpées. Amusez-vous à inventer des ailes d'anges, puis glissez-les sous (ou sur) votre photo pour apporter de la magie à la manière des pages « Les clés du paradis » et « Féerie » **(voir page 69)**.

# Associez **tissu** et **lin**

1

**BONHEUR (FIG. 1)**

Le Shabby Chic, c'est un peu des souvenirs du temps passé, des maisons cosy et chaleureuses où il faisait bon y vivre et se reposer. Le Shabby Chic c'est aussi le mariage de matières délicates et de matières brutes et naturelles ; le tissu se mélange à la toile et au lin et les bouts de dentelle, les boutons, les rubans et les broderies s'allient pour plus de romantisme et de poésie. Ce châssis recouvert de tissu fleuri est surmonté par un autre châssis plus petit en lin et d'un cadre évidé en toile épaisse. Des cœurs brodés rappellent les matières et les couleurs pour un maximum de douceur.

**MON CŒUR (FIG. 2)**

Restez dans les matières naturelles avec cette housse d'oreiller blanche ajourée décorée. Elle est montée sur un châssis afin de maintenir la stabilité de l'ensemble. Presque tous les éléments sont cousus, sauf les embellissements en bois et en métal posés avec une colle forte. La grosse fleur, à l'origine blanche, a d'abord été teinte avec de la Walnut Ink diluée dans de l'eau, puis agrémentée de quelques touches de Watercolor bleue et de plusieurs coups de tampons à motifs ornementaux et écriture.

2

**PHOTOS.** Ce mini album est réalisé dans cinq grandes serviettes brodées unies et à motifs fleuris, rappelant quelque peu les trousseaux de nos grand-mères où chaque linge et chaque drap de maison étaient surmontés de dentelles et brodés d'un monogramme.

▲

Découpez les serviettes en deux parties égales, rabattez, repassez au fer chaud et cousez les rebords de chaque page afin que le tissu ne s'effiloche pas. Ajoutez dentelles, napperons, rubans et photos. Finissez la décoration en collant des fleurs et des boutons.

# Récupérez, **recyclez**

**L'HEURE DES JEUX.** Avant de jeter les objets cassés ou qui ne vous servent plus, observez-les bien pour savoir si vous pouvez les utiliser autrement sur une page. L'embellissement principal de cette composition est une véritable horloge dont le mécanisme à l'arrière a été retiré afin qu'il y ait moins d'épaisseur lors du collage. L'horloge renforce le titre, elle a été embellie de strass orangés et d'une plaque décorative. Cette page est plus communément appelée « Shabby Citrus » en référence à des couleurs plus acidulées rappelant les agrumes.

**JOYEUSES PÂQUES.** Créez un mini album original dans une boîte à œufs que vous aurez au préalable recouverte de gesso. Faîtes de même avec six œufs en carton. Imprimez vos photos sur du Bazzill blanc. Teintez les œufs ainsi que les photos avec la roue Watercolor. Composez les pages du mini album sous forme d'accordéon. Embellissez les pages et les œufs de rubans, de boutons, de Jolee's, de fleurs, etc. Intégrez le tout à l'intérieur de la boîte.

**UNE VIE D'ARTISTE.** Cette page a été conçue sur une trame de canvas récupérée. Pour rester dans l'originalité du support, des écheveaux entrelacés, un tube rempli de perles et une aiguille ont servi de décoration. Lancez-vous dans des pages plus fantaisistes car tout ou presque peut s'intégrer harmonieusement dans le scrapbooking.

**DANS LE JARDIN.** Présentez votre photo collée sur un carré de pelouse recyclé en plastique. Ajoutez des fleurs, des boutons et quelques chutes de ruban pour égayer le tout. Collez le carré de pelouse sur un canvas de la même taille afin de le stabiliser et de pouvoir l'exposer.

# Créez une **ambiance** chic et élégante

**PRÉCIEUX MOMENTS.** Voici une boîte à clés détournée de sa fonction initiale et qui sert de boîte à souvenirs pour un « mariage chic et élégant ». Le fond est recouvert de tulle beige et contient des petits cailloux peints où sont collés des mots doux, un sac rempli de grains de riz teints en rose, un mini canvas serti d'un collier de perles, des petites cartes de remerciement décorées et enfin un mini album réalisé avec des sous bocks en carton **(présenté page 35)**. Un canvas surmonté d'un monogramme « S » accompagne la boîte.

Remarquez qu'une seule photo imprimée dans diverses dimensions a servi pour ce projet.

**MARIAGE CLASSE.** Le marron est une couleur qui se marie à merveille avec toutes les autres couleurs. Osez d'autres associations en combinant le marron avec le bleu, ou bien le marron et le vert et pourquoi pas le marron et le rouge pour des pages chics et élégantes.

# Créez une **ambiance** Home sweet home

**MA PIÈCE FAVORITE.** Le Shabby Chic, c'est avant tout un esprit, un style de décoration que l'on retrouve dans le confort d'une maison rustique et chic à la fois. **Découvrez aux pages 100 et 101 du carnet technique les étapes de la fabrication de ce mini album dont la forme fantaisiste reprend le thème de la maison.**

## ROSE

Découvrez une autre ambiance «Home Sweet Home» avec cette boîte amusante altérée qui renferme une image mobile et une scène en 3D (dans le style des vitrines miniatures). Pour cela, décorez et disposez des meubles miniatures à l'intérieur d'une boîte peu profonde. Imprimez sur du cardstock blanc la photo d'un personnage en entier. Découpez le contour et servez-vous de stickers Jolee's pour l'habiller. Créez de la profondeur en ajoutant au verso du personnage une chute de cartonnette repliée aux deux extrémités, l'autre bout étant collé au fond de la boîte.

### à savoir

Vous pouvez rajouter à l'intérieur du couvercle un mini album allant avec le thème de la boîte.

**NOTRE CHAMBRE.** Visitez une autre pièce de la maison en intégrant un mini album dans le sommier d'un lit miniature. Cartonnez la dernière page du mini album et ne le collez pas sur son support afin que vous puissiez le retirer du sommier et le manier correctement.

# Travaillez sur des **canvas**

### TOILETTES POUR DAME

Le canvas ou châssis de peintre est un parfait intermédiaire entre la page de scrap et le mini album. Il peut s'offrir, s'exposer et sa toile se prête à toutes les techniques d'altération. Travaillez sur des canvas de tailles diverses, assemblez-les et laissez libre court à votre imagination. Le fond de ce canvas est recouvert de papier imprimé. Il est surmonté d'une toile plus petite où repose la photo. Dentelles, froufrous, boutons... décorent la composition.

### LE BLEU DE VOS YEUX

Ce canvas mesure 24 x 30 cm. Recouvrez-le entièrement de pâte 3D épaisse. Créez des effets dans la matière à l'aide d'une spatule, tamponnez et écrivez dedans. Une fois sec, collez le titre cartonné et peignez le tout en bleu. Ajoutez enfin quelques touches de bleu plus soutenu ainsi que du blanc. Collez la photo et des fleurs. Appliquez sur le haut du support un rub-on se rapportant au titre.

# Créez des **mini albums** originaux

**DEUX DANS LA PISCINE.** Ce mini album a la particularité de pouvoir être exposé. Une fois déployé, il se regarde recto et verso. Chaque photo est collée sur un cadre amovible. Sa conception et sa particularité résident dans le découpage et le pliage simple de deux cardstocks. Décorez ensuite à votre convenance. **Retrouvez le gabarit page 112 du carnet technique.**

**DANS L'OBJECTIF DE SANDRA**
Sélectionnez une série de photos et concevez un ou deux projets similaires. En voici une illustration avec cette page où la photo la plus parlante a été agrandie au format 15 x 21 cm puis scrappée.

Le mini album en forme d'appareil photo intègre les mêmes papiers et embellissements que la page afin que tout soit coordonné et conserve le même thème.

**Retrouvez de la page 102 à 104 et page 112 du carnet technique toutes les explications et les gabarits nécessaires à la réalisation de ces deux projets.**

Le mini album possède de nombreux rabats, vous pouvez les voir fermés et ouverts.

# Réalisez une **boîte** et son **mini album**

**DES FLEURS POUR TOI.** Cette boîte carrée entièrement réalisée avec du carton épais recèle quatre tirettes embellies recto et verso. **Découvrez à la page 105 du carnet technique les différentes étapes de sa fabrication.**

**JOYEUX ANNIVERSAIRE.** Quoi de mieux qu'une boîte en forme de gâteau pour représenter un thème anniversaire. Trois boîtes gigognes en carton sont embellies puis collées les unes sur les autres pour former la structure. La base, plus large, sert de rangement au mini album rond.

Les cercles sont découpés dans de la cartonnette épaisse et décorés recto et verso, un anneau maintient les pages entre elles.

# 2. Adoptez le style **Vintage**

Le style Vintage se caractérise par un vieillissement plus prononcé des papiers et des embellissements. L'encrage y est accentué. Cette tendance va donner l'impression que votre page ou votre objet a vécu une histoire et possède une âme...

Le Vintage s'apparente bien à certaines techniques du Mixed media, du collage mais aussi de l'Ephemera et des books (livres) altérés. Retrouvez quelques exemples dans les pages suivantes.

**BONHEUR SIMPLE.**

Le temps qui passe est un thème qui revient fréquemment dans les pages Vintage. Quatre photos collées côte à côte forment ici le cadran d'une horloge. Une petite horloge tamponnée dans du plastique fou réduit au four orne la partie en bas à droite de la page.

N'hésitez pas à placer sur vos pages tout ce qui vous semble un peu désuet et sans aucun intérêt : timbres, étiquettes, pièces de monnaie, clés, pages de livres, pièces de jeu...

## Ne confondez pas Vintage et Héritage

Trop souvent la confusion est faite entre ces deux styles. Pourtant l'Héritage propose de scrapper des photos du passé, de créer des pages parlant de nos aïeux et de redéfinir l'histoire de notre famille. Le Vintage, lui, se compose de photos actuelles que l'on vieillira expressément pour leur conférer un côté nostalgique et ancien.

## Du Shabby au Vintage, il n'y a qu'un pas...

Combinez les deux et cela donne le « Shabby Vintage » ou le « Vintage Chic ». Ces deux styles plutôt fleuris et romantiques se marient à merveille. Associez donc des couleurs tendres et délicates aux couleurs du passé pour créer des pages désinvoltes où l'élégance, le frais et le traditionnel se mélangent joyeusement.

**VARIATIONS CRÉATIVES.** L'utilisation de couleurs passées et délavées définit le style Vintage. Certains éléments « kitch » reviennent à la mode, c'est le cas ici avec les écussons. Le gros écusson « Variations Créatives » a été conçu par Valy (La Dame de Kit). Le second a été trouvé dans une mercerie.

# Encrez avec la **Distress™**

**LA PLUS COQUETTE.** La Distress™ est une encre bien appropriée pour les pages Vintage. Elle permet de vieillir toutes sortes d'embellissements, du papier au bout de dentelle en passant par la photo. Pour colorer la photo, prélevez un peu d'encre Distress™ « Vintage photo » à l'aide d'un chiffon doux et appliquez-la à l'endroit désiré en frottant légèrement et rapidement.

# Colorez vos fonds de page avec la **Walnut Ink**

### AIMER EN ÉTÉ

Tout comme la Distress™, la Walnut Ink permet de donner un aspect vieilli à tous vos supports. Vous pouvez accentuer ou non sa couleur en la diluant dans l'eau pour des effets plus aquarellés. Ce projet est réalisé sur un canvas d'une dimension de 30 x 40 cm. Recouvrez entièrement le canvas de Walnut Ink (avec un embout mousse) que vous diluerez avec beaucoup d'eau, utilisez pour cela un pinceau à eau, efficace pour recouvrir de grandes surfaces. Une fois la base sèche, employez la couleur bleue de la roue Watercolor et passez-la par petites touches sur la Walnut Ink, cette couleur va plus ou moins se diluer avec l'encre. Travaillez de la même manière un deuxième canvas plus petit (18 x 24 cm) en insistant volontairement sur le bleu. Récupérez une chute de toile de jute et collez-la sur le premier support. Ajoutez le second canvas et embellissez avec une photo, des perles, des impressions au tampon, des rubans, des fleurs, des boutons, etc.

1

2

3

4

### LE TEMPS DES CERISES (Fig. 1 à 3)

**Retrouvez quelques étapes de la fabrication de ce mini album dans le carnet technique page 87.**

### ÉCLAT DE RIRE (Fig. 4)

Réalisez ce fond de page en recouvrant entièrement un cardstock blanc de Walnut Ink (avec un embout mousse). Employez ensuite un pinceau à réservoir d'eau afin d'harmoniser la couleur. Une fois sec, tamponnez intégralement le fond d'un motif écriture avec de l'encre Memories Artprint Brown. Accentuez les contours de la page avec l'encre ColorBox Chalk Chestnut Roan et l'encre Memories (attention cette dernière a tendance à rosir sous l'effet de l'humidité, ce qui convient fort bien pour cette composition). Décorez ensuite votre page.

**H2O.** Des tags (ou étiquettes) de deux tailles différentes forment ce mini album. Ils sont reliés par des rubans épais. Chaque tag a été dans un premier temps recouvert recto-verso de Walnut Ink (brou de noix). Le contour est ensuite travaillé avec l'encre ColorBox Chestnut Roan. Pour rendre l'ensemble plus dynamique, des embellissements aux couleurs vives ont été utilisés.

**JOYEUSE HALLOWEEN.** Réalisez ce mini album dans les pages cartonnées d'un livre pour enfant. Poncez-les au papier de verre afin que le gesso adhère bien. Passez au moins deux couches de gesso sur chaque page. Encrez-les entièrement de Walnut Ink (brou de noix). Différentes techniques sont ensuite appliquées afin de créer des fonds originaux. Jouez sur des embellissements orangés pour donner du contraste, de la couleur et pour rappeler le thème de l'album. **Voir le carnet technique page 106.**

# Peignez à l'**acrylique**

1

2

### TRICK OR TREAT (FIG. 1)

Encrée, froissée, déchirée, poncée... cette page est passée par presque toutes les techniques de vieillissement possibles. Finissez-la par quelques touches de peinture acrylique blanche en tamponnant des motifs avec des foam stamps (ou tampons en mousse), en créant une bordure sur le contour des photos et en l'appliquant par à-coups sur l'ensemble de la page pour lui donner un peu plus de luminosité.

### DES BONBONS OU UN SORT (FIG. 2)

**Découvrez comment réaliser ce mini canvas en page 88 du carnet technique.**

# **Poncez :** une autre technique

**HALLOWEEN.** Découvrez une autre technique de ponçage, simple mais qui fait de l'effet. Le titre « Halloween » et quelques étoiles ont été réalisés à l'aide de clipboards placés directement sous le papier imprimé. Poncez les motifs doucement mais fermement au papier de verre pour les voir apparaître sur le recto du papier. Pour que le ponçage se détache bien, dessinez le contour de chaque lettre à l'aide d'un feutre noir.

# **Embossez,** patinez

**DANS NOS DEUX MAINS.** Créez des embellissements uniques dans des chutes de cartonnette en les embossant avec de la poudre puis en les tamponnant et enfin en les patinant, afin de donner un aspect rustique mais élégant à la fois. **Voir le carnet technique page 107.**

# Froissez

**AU JARDIN.** Découpez dans du papier imprimé des bandes de plusieurs longueurs. Abîmez-les en les froissant, en les écornant, en les déchirant... En un mot, maltraitez-les ! Encrez-les ensuite généreusement pour un effet radicalement vieilli. **Voir le carnet technique pages 91 et 108.**

# Pratiquez **l'Ephemera**

**LA FÉE DES BOIS.** Pratiquez l'Ephemera en récupérant toutes sortes d'éléments qui pourront documenter votre page ou votre thème. Le fait d'avoir intégré des esquisses sur les fées, la vieille pièce de monnaie au centre de la fleur, le morceau de parchemin abîmé, etc. donne de l'authenticité à cette page. **Voir le carnet technique page 94.**

# Maîtrisez le **collage**

**APPRENDRE.** Le collage est l'art de juxtaposer des photos, des papiers et des objets afin de les coller sur une même surface pour obtenir une composition qui peut être en trois dimensions. Pour cela, récupérez diverses chutes de papiers unis, texturés ou imprimés, mais aussi des éléments hétéroclites comme un porte étiquette cassé, une plume usée en métal, un monogramme abîmé. Créez aussi des embellissements miniatures (cartable, crayon…) que vous intégrerez ensuite à votre page.

# Récupérez, **recyclez**

**ENCADRÉES.** Fouinez dans les brocantes et les vide-greniers pour amasser de vieilles dentelles, des livres abîmés, etc. Tout ce qui est usé et qui peut être « relooké » ou recyclé vous sera utile pour agrémenter vos réalisations. Ici, une page d'un livre pour enfant et un petit chevalet ont été récupérés lors d'une journée de chinage.

**SOUS TOUTES LES COUTURES.** Mètre de couturière, dentelles, boutons pression, boutons classiques, épingles à tête, épingles à nourrice, bobines de fil, fausses vieilles publicités, le tout collé dans une notice datant des années quarante. Voici un projet mariant « Ephemera » et « Altered Book ». **Retrouvez quelques explications en page 94 du carnet technique.**

Pour concevoir ce mini album, récupérez tous les éléments ayant trait à la couture. Cousez les chutes de tissu et les photos directement sur les pages de la notice. Jouez avec des couleurs sombres et vives pour apporter du dynamisme à l'ouvrage.

# Retouchez vos **photos**

1

2

3

### IL ÉTAIT UNE FOIS (FIG. 1)

Utilisez les différents filtres mis à votre disposition pour créer des atmosphères romantiques et intimistes.

### CIRCUS (FIG. 2)

Ravivez la couleur d'une sélection grâce à l'outil « Baguette magique ».

### MOTARDS (FIG. 3)

Ajoutez des dessins, des formes ou du texte directement sur la photo en employant les outils « Forme personnalisée » et « texte ».

**Voir le carnet technique page 108 pour la construction de cette page.**

**TOUT D'UNE GRANDE.** Tout comme la page « Il était une fois », page précédente, recréez le charme et l'atmosphère que dégageaient les photos d'antan en appliquant un filtre « Halo » sur l'ensemble de la photo.

**JOLIES MÔMES.** Mélange de Shabby et de Vintage, cette page pleine de charme et de douceur met l'accent sur une photo retouchée sous Photoshop CS2. Passez tout d'abord la photo en noir et blanc et contrastez-la. Dans la fonction « courbes », augmentez la courbe pour apporter un côté diffus à la photo. Dans « balance des couleurs », rajoutez un peu de rouge afin de donner cette teinte rosée. Ensuite, éclaircissez-la dans la fonction « remplacement de couleurs » en jouant sur la luminosité. Imprimez-la enfin sur du cardstock beige et variez les formats d'impression.

**BOÎTE À CARTES.** Créez vos propres cartes de visite ou de remerciement. Imprimez plusieurs photos identiques sur du cardstock beige. Encrez le contour des images de chalk marron et collez-les ensuite sur des cartes de visite de petit format (12,5 x 8 cm). Embellissez les cartes de couture, de dentelles, de fleurs, de boutons, de mini tags et de rubans divers. Imprimez des mots précis (« à bientôt », « on pense à vous », « bravo », « merci »…) et collez-les avec de l'adhésif double face 3D. Servez-vous du verso des cartes pour écrire un petit mot personnalisé. Recyclez et altérez une boîte rectangulaire afin d'y conserver les cartes de visite.

# Ajoutez de la **poésie**

**LE BONHEUR.** Recadrez vos photos. Cherchez des angles inhabituels. Mettez en valeur un détail inattendu et laissez votre imagination vous guider pour des pages frivoles et bucoliques.

# Ajoutez de la **magie**

### LES CLÉS DU PARADIS

Faites d'une photo un instant d'enchantement et de poésie ; détournez-la, agrémentez-la, inventez lui une nouvelle histoire. Retouchez votre image sous Adobe Photoshop. Eclaircissez-la pour lui conférer un côté angélique, et ensuite rajoutez lui des ailes d'ange. Enjolivez avec des poèmes et des pensées.

### FÉERIE

Il suffit parfois de peu de choses pour apporter un peu de magie. Cette photo somme toute banale de Milla de profil regardant le ciel un beau jour d'été a été agrémentée d'ailes de papillons trouvées dans une bibliothèque d'images. Celles-ci ont été collées avec du double face 3D afin de donner du relief à la réalisation. La photo est alors transformée et prend une autre dimension, une autre vie…

# Alliez photos **noir et blanc** et **couleur**

**SIBYLLE**

Apportez du dynamisme à vos pages en mariant des photos couleur et des photos noir et blanc. Variez aussi les formats et exploitez, comme sur cette page, des photos de tailles diverses : 10 x 15 cm, 9 x 13 cm et deux photos index sur le côté droit.

**CALI MON OURS FAVORI**

Trois ans différencient ces deux photos d'Elisa prise avec son ours préféré. Le fait de composer la page avec des photos de format et de couleur différents apporte un charme nostalgique indéniable. Associez pour cette réalisation, une photo au format 15 x 21 cm et une autre plus petite au format 10 x 15 cm.

**UN AIR DE MUSIQUE.** Sur cette page, les deux photos ont été développées en noir et blanc. La plus petite est ensuite colorisée avec de l'acrylique orange mélangée à un peu de jaune pour rappeler la couleur initiale de l'instrument de musique.

# Associez **toile de jute** et **dentelle**

**JOLI CHAPEAU.** N'hésitez pas à marier des matières délicates à des matières brutes, tout comme dans le mini album « Photos » **(pages 27 à 29)**. Pour ce projet, de la toile de jute se mélange à de la dentelle pour apporter douceur et rusticité. Imprimez vos photos en sépia pour une parfaite coordination avec ces matières. Pour éviter que les contours des pages en toile de jute ne s'effilochent, cousez-les au point zigzag.

**JOLI CHAPEAU DE PAILLE.** Voir page 88 du carnet technique pour la création de ce fond de page.

# Apportez du **contraste**

**HOME SWEET HOME.** Jouez la sobriété mais en même temps osez des associations de couleurs riches et lumineuses pour un mélange audacieux de Shabby et de Vintage. Les embellissements, kitch et girly à la fois, rendent la composition de cette page chaleureuse.

# Créez des **embellissements**

1

2

### SAGE À NOËL (Fig. 1)

Ajoutez du volume sur votre page en doublant vos embellissements. Le sapin de Noël est donc découpé deux fois dans de la cartonnette, puis recouvert de papier imprimé. Collez le premier sapin sur la page, ajoutez le second avec du double face 3D. Ensuite, embellissez.

### AMIES (Fig. 2)

Réalisez la fleur noire en imprimant, dans la taille souhaitée, un motif ornemental récupéré d'une police Dingbats. Collez votre impression sur le côté non texturé d'un papier Bazzill et découpez ensuite la forme. Recréez enfin l'ensemble du motif en le collant sur votre page.

### JE SUIS HEUREUSE CAR… (Fig. 3)

Créez des boutons en tissu en recouvrant simplement des boutons en plastique à décorer achetés en mercerie. Dessinez un cercle suffisamment large et ajoutez de la colle à tissu sur le contour de ce cercle. Posez au centre un bouton et recouvrez-le.

3

# Exploitez les **polices** de **caractères**

1

**LA PRUNELLE DE MES YEUX (FIG. 1)**
Les polices de caractères sont vos meilleures alliées si vous ne possédez pas ou peu d'embellissements. Il suffira alors de les imprimer sur un papier écru ou clair au grammage épais (160 ou 210 grammes), de découper les motifs, et de les coller ensuite sur vos pages avec du double face 3D afin de leur donner du volume. Ce peut être des lettres pour un titre, mais aussi des ornements, comme ici les deux papillons et le doigt pointé.

**RIEN QUE POUR TOI (FIG. 2 et 3)**
Ce mini album a été conçu dans le même esprit que la page, les embellissements principaux ne sont que des impressions de polices Dingbats ou des autocollants ornementaux.

2

3

**Retrouvez page 95 du carnet technique la liste des polices de caractères utiles pour ces deux projets.**

# Ajoutez un mini album **interactif** sur votre page

**M COMME MARIAGE.** Grâce à un mécanisme simple que l'on retrouve souvent dans les livres d'enfants, agrémentez votre page d'un mini album interactif. Si vous tirez sur le gros tag, les pages s'ouvrent une à une, laissant apparaître les photos. Bien sûr, ce projet peut être adapté sur un format plus petit. **Voir le carnet technique pages 109 et 112.**

# Créez une **ambiance** chic et élégante

**VOUS DEUX.** Maximisez le côté chic et féminin du style Vintage en ajoutant des froufrous sur votre page : perles, boutons, rubans, fleurs, etc. Cousez tous les éléments sur une taie d'oreiller d'un format 40 x 40 cm et collez la taie sur un canvas de même dimension afin de la rendre stable et de pouvoir l'exposer sur un mur.

# Créez des **mini albums** originaux

**ENCADRÉES.** Grâce à un astucieux pliage, ce mini album à la forme originale se déploie en quatre parties bien distinctes. Organisez vos photos sur le haut de la structure et ajoutez les embellissements et le journaling sur le bas qui se replie. **Retrouvez toutes les explications et les gabarits de ce projet pages 110 et 111 du carnet technique.**

Réalisez un mini album adapté aux quatre parties de la structure, voici quelques exemples : « Quatre saisons », « De un à quatre ans », « Mes quatre enfants », « Quatre choses que j'aime », « Les quatre moments les plus importants de ma vie »… Le thème est vaste !

**3615 CODE ELISA.** Voici un mini album à exposer, dans la lignée de l'appareil photo **(voir pages 42 à 44)**. Un petit classeur est évidé au centre pour qu'apparaisse la photo, il sert de moniteur d'ordinateur. Le clavier est conçu dans un couvercle en carton, les touches sont dessinées à l'aide de la police Dingbats « Carpal Tunnel » et la souris est une vraie souris décorée !

Pour coller au thème, décorez les pages intérieures du mini album avec des pictogrammes en carton.

**JE SUIS AU JARDIN.** Une petite barrière de jardin en bois qui s'ouvre sert ici de support au mini album. Les pages sont réalisées dans du papier cartonné kraft et sont reliées par des rubans. La dernière page est directement collée à l'intérieur de la barrière. Soyez inventive, observez bien autour de vous tout ce qui pourrait être détourné et décoré afin de créer des mini albums un peu plus fantaisistes.

# [ le **carnet technique**

# L'encrage

## Les encres classiques

Choisissez une encre appropriée au style Shabby et Vintage en n'employant que des couleurs natures tels que le marron ou le noir. L'encre marron s'harmonise avec toutes les couleurs : rose, bleu, vert, jaune... Elle a pour effet d'adoucir le papier. L'encre noire, au contraire, apporte un effet plus contrasté. Encrer permet aussi d'atténuer ou de camoufler des petites imperfections commises sur la page par mégarde.

La meilleure encre est celle qui a beaucoup servi : bien usée, elle n'est presque plus imbibée. Elle sera utile pour donner un côté chalké et diffus à votre papier. Ayez en votre possession une encre usée et une encre neuve et travaillez avec les deux en appliquant le tapis neuf sur l'usagé afin d'accentuer ou non l'effet d'encrage.

Il n'y a pas de techniques particulières pour l'encrage, certaines personnes aiment des bordures bien dessinées et régulières, d'autres ne vont pas hésiter à encrer plus largement sur le papier afin d'apporter un aspect plus marqué et soutenu.

Vous pouvez bien sûr tout encrer. Il suffit d'utiliser l'encre appropriée, n'oubliez pas que pour le métal, le plastique et le transparent, la StazOn est nécessaire. Vous pouvez aussi encrer vos photos avec la Distress™, la StazOn, ou encore avec une encre Chalk.

**« Le bonheur » (voir page 68)**
L'encre utilisée ici est la ColorBox Chalk Chestnut Roan dont le tapis est usagé. L'encrage est très diffus et s'harmonise au papier imprimé.

### à savoir

**L'encrage se limite ici à vieillir les bords des papiers et des embellissements divers. Découvrez d'autres façons d'exploiter cette technique en lisant « Scrap Tampons », le livre de Sandra Charbonnel, édité dans la même collection.**

### conseil

**Donnez une nouvelle vie à votre tapis encreur usagé en le vaporisant avec de l'eau.**

### astuce

**Utilisez un coton tige imbibé d'encre pour accéder à des parties où le tapis encreur ne peut pas passer.**

1

2

## La Distress™

Sans acide, la Distress™ est l'encre adaptée pour vieillir des photos. Son nuancier étant relativement vaste, il est possible de combiner plusieurs couleurs afin de trouver une harmonie. C'est le cas de la fig. 1, « Dans nos 2 mains » page 57. Les tapis encreur « Vintage photo » et « Frayed Burlap » ont servi à coloriser les mains, la couleur la plus claire a été appliquée en premier, puis ensuite la plus sombre mais uniquement par petites touches pour relever certains détails.

## à savoir

**Découvrez d'autres techniques associées aux encres en lisant le livre d'Isabelle Norris « Les encres, carterie et scrapbooking », paru dans la collection « A vos cartes » chez CréaPassions.**

## La Walnut ink

Ce produit vous permet de vieillir de manière très visible toutes sortes de supports (papiers, cartons, bois, tissus, canvas...), leur conférant ainsi un cachet antique et authentique. Plus vous ajoutez de l'encre entre deux séchages, plus l'aspect de l'encre s'accentue et fonce, apportant ainsi des nuances de marron très aléatoires et des effets fort intéressants. Cette encre, présentée avec un applicateur à embout mousse ou sous forme de vaporisateur, existe dans divers coloris presque aussi riches que la Distress™. Sans acide, vous pouvez l'appliquer sur vos photos.

La Walnut Ink se dilue très facilement à l'eau, vous pouvez donc éclaircir un encrage trop sombre. Mariez-la avec des couleurs vives pour des effets saisissants et contrastés, comme sur le mini album tag « H2O », page 53.

Pour fabriquer le mini album « Le temps des cerises » (fig. 2, voir page 52), découpez dans de la cartonnette épaisse des rectangles de 17 x 15 cm. Passez sur chaque page une couche de gesso (médium qui permet d'apprêter un support). Une fois sèches, recouvrez les cartonnettes de Walnut Ink. Laissez sécher et repassez une seconde fois la Walnut Ink à certains endroits afin de créer des effets ombrés fort sympathiques. Décorez ensuite les fonds de page avec des rub-ons et des motifs tamponnés avec de l'encre ColorBox Chalk ou bien de la peinture.

# La peinture **acrylique**

1

2

Plusieurs effets peuvent être obtenus grâce à la peinture et aux médiums qui s'y appliquent. L'approche la plus simple est de peindre un fond de page, comme la « Jockovic Family », page 12. Elle peut être appliquée sur tous les supports et donne des effets intéressants, comme sur « Guylaine et Sibylle » page 12, où des fleurs de Tiaré sont tamponnées sur du lin avec de la peinture acrylique blanche et verte.

Vieillissez vos décorations en métal en les peignant puis, à l'aide d'un morceau de papier de verre, poncez-les pour leur donner un côté rustique et usé. Faites de même pour les embellissements que vous aurez fabriqués dans de la cartonnette, voir pages 37, 100 et 101 « Ma pièce favorite ».

## « Chapeau de paille » (Fig. 1, voir page 73)

Revisitez la technique du craquelé en tamponnant tout simplement un motif assez large avec de la peinture acrylique blanche sur un transparent de rétroprojecteur. En séchant, le motif se rétracte sur le support lisse, laissant apparaître un bel effet craquelé.

## « Des bonbons ou un sort » (Fig. 2, voir page 55)

C'est un mini canvas (12 x 18 cm) qui sert de support pour ce thème Halloween, il est conçu dans l'esprit Mixed media car il allie plusieurs médiums et techniques sur un même ouvrage.

Collez dans un premier temps un papier imprimé motif écriture sur le canvas à l'aide du médium mat (marque Liquitex). Dans une palette, mélangez de la peinture acrylique blanche avec un peu de médium mat, cette combinaison permet de créer des effets de transparence, laissant ainsi deviner le papier imprimé collé sur le canvas. Sur une photo 10 x 15 cm prise en plein pied, découpez le contour des personnages et collez-les sur le support. Retravaillez certains éléments de la photo, ici les chapeaux sont agrandis et décorés avec de l'acrylique noire et orange. Certains motifs cercles sont accentués à l'aide d'un feutre soufflé blanc. Dans un papier imprimé à motifs Halloween, récupérez la citrouille et une chute de papier afin d'y imprimer le titre. Collez-les sur le canvas avec le médium mat et ensuite, à l'aide d'un pinceau sec et de l'acrylique blanche, recouvrez partiellement et rapidement les motifs afin d'apporter un côté blanchi et usé. Rajoutez des charms étoilés transparents et en métal. A l'aide d'un coton tige et de craie sèche noire, chalkez le contour de tous les éléments collés. Faites de même avec un feutre fin noir afin de donner du relief à l'ensemble de la composition.

# [ La **Watercolor**

1

2

La Watercolor (ou aquarelle) est la peinture idéale pour donner de la légèreté et de la douceur à une page. Elle se présente soit en tube, soit sous forme de crayons ou de feutres, ou bien encore dans un boîtier nommé « roue ». Fluide, elle se dilue et s'applique très facilement.

La Watercolor se travaille avec de l'eau. Plus la quantité d'eau est importante, plus les couleurs sont diffuses et transparentes, vous pouvez donc colorer vos fonds de page en un clin d'œil. Appliquez-la avec un pinceau à réservoir : cet outil, idéal et presque indispensable, vous permet de gérer le débit de l'eau et ainsi de pouvoir accentuer ou non la couleur désirée. Les couleurs sont miscibles, mais si vous ne souhaitez pas les mélanger, laissez bien sécher entre deux applications. Le lavis est la technique de base de l'aquarelle. Il suffit tout simplement de recouvrir le support de manière uniforme avec une ou plusieurs couleurs.

Si vous souhaitez ajouter des doodlings, utilisez les crayons aquarellables, pour les petits détails, ils sont plus faciles à manier que le pinceau. Passez ensuite un pinceau fin humide sur les esquisses.

Donnez de la couleur à vos motifs tamponnés et créez de jolis effets en appliquant ici encore la Watercolor.

Les créations présentées pages 14 et 15 (fig. 1 et 2) sont toutes travaillées sur une matière cartonnée apprêtée avec du gesso pour que la Watercolor adhère bien.

## à savoir

**Le gesso est une sous-couche acrylique blanche qui prépare les surfaces poreuses afin d'améliorer l'accroche de couches de peinture ou médium ultérieures (Watercolor, acrylique, vernis à craqueler, etc.).**

# La **teinture** et la **décoloration**

1

2

### TEINTEZ...

N'hésitez pas à utiliser de vieilles recettes de grand-mère pour donner une teinte passée à vos tissus, rubans, dentelles et même vos papiers imprimés ou unis. Teintez vos éléments en les trempant dans du thé, du café ou du brou de noix. Employez aussi la Walnut Ink, la Watercolor ou encore du dye (encre en poudre) que vous diluerez dans un peu d'eau selon l'effet que vous cherchez à reproduire. N'oubliez pas que plus vos colorations sont diluées, plus les nuances sont claires et aquarellées. Sur la page du mini album « Sous toutes les coutures » (fig. 1, voir page 63), la dentelle est teintée dans un bain de café très dilué. Les fleurs tamponnées dans du tissu, plus sombres, sont trempées dans du brou de noix.

### OU DÉCOLOREZ

En utilisant de l'eau de javel pure ou diluée, vous pouvez enlever tout ou partie des couleurs d'un tissu, d'un fond de page ou d'une photo. Sur la page « Toujours bien en Blue Jean » (fig. 2, voir page 17), un morceau de jean a été décoloré. Le titre a été tamponné avec des foam stamps sur un morceau de cette chute. La partie restante de la chute a permis de concevoir la fleur sur le côté gauche de la page. La décoloration permet d'obtenir des nuances plus ou moins claires et vieillies d'une même couleur.

Décolorez un cardstock en appliquant un foam stamp à motif trempé au préalable dans de la javel. Pour cela, il faut que la couleur de votre support soit relativement sombre.

Décolorez aussi une photo, cette technique délicate (liée à l'acidité) donne des résultats surprenants. Utilisez pour cela un coton tige imbibé de javel, passez-le délicatement autour de la photo. Lavez ensuite votre image pour stopper l'altération de la javel sur la photo.

## astuce

**Recyclez un vieux vaporisateur et créez votre mélange de couleurs, il vous sera ensuite utile pour teinter rapidement certains éléments.**

# Le **froissage** et le **déchirage**

1

2

### Froissez

Pour apporter du relief, froissez un papier et donnez lui la forme d'une grosse boulette, défroissez-le ensuite. Renouvelez l'opération une ou deux fois afin que le papier soit bien marqué. Redonnez lui enfin sa forme initiale en passant fermement la paume de votre main sur toute la surface.

## conseil

**Pour froisser correctement un cardstock (en général plus épais qu'un papier imprimé), il est recommandé de le mouiller un peu avant avec un vaporisateur, le fait de l'humidifier le rendra plus facile à travailler et le papier épousera parfaitement les formes que vous lui donnerez ensuite.**
**Alliez froissage, ponçage, déchirage et encrage sur une même page pour des effets intéressants.**

Associez froissage et ponçage, les reliefs apparaîtront alors en blanc.

De même, froissez et encrez ensuite votre papier, comme sur la page « Du bonheur » (fig. 1, voir page 10) afin de relever et de redessiner les reliefs.

### Déchirez

Cette technique permet de faire ressortir la structure du papier, elle est efficace sur les papiers imprimés, un peu moins sur les cardstocks (Bazzill). Il existe deux manières de déchirer le papier. Vous pouvez le déchirer en maintenant le papier face imprimée devant et en tirant vers vous, une bordure plus ou moins blanche et irrégulière apparaît alors, comme sur la page « Elisa » (fig. 2, voir page 18). Vous pouvez aussi le déchirer sur le verso, et dans ce cas-là la bordure blanche n'est pas visible. Créez un effet désordonné en déchirant au hasard et par à-coups ou bien déchirez de façon précise en utilisant une règle et en tirant le papier vers vous. Encrez et/ou chalkez pour ajouter de la dimension à votre composition.

# Le **ponçage**

1

2

Poncer apporte un aspect rustique et usé aux papiers imprimés, mais aussi aux photos, aux chipboards et aux métaux. Il permet d'atténuer les couleurs de certains embellissements jugés trop vifs (les autocollants par exemple). Pour cela, utilisez le papier de verre.

Celui-ci existe dans diverses épaisseurs avec des grains plus ou moins fins. Si le grain est fin, l'usure sera discrète. Si le grain est gros, le papier sera nettement plus marqué. Tout dépend donc de ce que vous souhaitez obtenir.

Vous pouvez vieillir uniquement le contour des papiers, comme sur la page « La vie c'est aimer » (fig. 1, voir page 18), ou bien, pour un « look » radicalement usé, poncez entièrement la page. Vous pouvez aussi poncer de haut en bas ou de gauche à droite, et pourquoi pas alterner les deux pour un effet plus soutenu. Obtenez d'autres textures intéressantes en le pratiquant de manière circulaire.

Pour les embellissements en métal, vieillissez avec un papier de verre à gros grain pour que la peinture s'écaille sans difficulté. Pour les imprimés plus ou moins épais, la seule précaution à prendre est de ne pas avoir de gestes trop brusques pour ne pas trop déchirer le papier (notamment la marque Chatterbox), à moins que ce ne soit l'effet recherché.

## Créez des effets

Placez sous une photo ou un papier imprimé des motifs cartonnés, poncez ensuite doucement. La forme va alors apparaître sur le support en prenant une allure blanche et usée, comme sur la page « Halloween » (fig. 2, voir page 56).

### astuce

**Vieillissez le contour de vos photos pour obtenir un mattage (ou matting) ou un encadrement en un clin d'œil.**

# Le transfert **d'images**

Voici une technique rapide et efficace pour transférer des images et/ou des photos tout en jouant sur la transparence.

Imprimez (avec une sortie laser), photocopiez ou bien récupérez une belle image d'un magazine que vous aimez, comme c'est le cas ici pour la page « Ma tasse de thé » (voir page 21).

Recouvrez entièrement votre image avec un transparent adhésif (acheté dans un magasin de bureautique) et appuyez fermement à l'aide d'une spatule pour que l'image adhère bien au support.

Trempez votre support dans un bac d'eau bien chaude pendant au moins 5 minutes.

A l'arrière du transparent, enlevez le surplus de papier en pelant doucement avec votre index la surface transférée, l'image devient translucide et elle apparaît alors sur le transparent. Collez votre transfert sur votre page avec des mini Glue Dots™.

# L'Ephemera et l'Altered Book

1

2

## L'Ephemera

L'Ephemera est un style qui donne de l'authenticité et du cachet aux pages et aux mini albums. Il inclut tous les éléments qui peuvent documenter votre projet : carte postale, de remerciement, d'invitation, à jouer ou géographique, image, dessin, étiquette, ticket, pièce de monnaie, dentelle, bouton, négatif photo, facture, certificat, publicité, timbre Poste, programme, page de livre, etc. La récupération est donc ici essentielle. Voir page « La plus coquette » (fig. 1, voir page 50) où des éléments de couture ont été recyclés.

Si vous ne souhaitez pas utiliser l'original d'un document, scannez-le ou photocopiez-le afin de pouvoir tout de même l'intégrer à votre page. Il existe aussi des stickers et des feuilles de découpage qui vous permettront de pratiquer l'Ephemera sans pour autant tout garder.

## L'Altered Book

Pratiquez l'Altered Book en détournant un vieux livre dont les pages sont bien jaunies, comme sur le mini album « Sous toutes les coutures » (fig. 2, voir pages 62 et 63). Collez quelques pages entre elles pour n'en utiliser que certaines. Ajoutez ensuite tous les éléments relatifs à la couture, mattez vos photos sur des bouts de tissu et de dentelle et rajoutez le journaling.

Vous pouvez aussi radicalement changer l'aspect d'un livre en pratiquant dedans toutes sortes de techniques (peinture, collage, encrage, coloration, froissage…), en créant des niches pour y loger des objets et en réalisant des ouvertures… Soyez inventif(ve) !

### astuce

**Associer l'Ephemera et l'Altered Book ne vous posera aucun problème. Altérez alors un livre relativement grand et épais afin de pouvoir pratiquer les techniques citées juste avant sans aucune difficulté.**

# Les **ornements** et les **polices de caractères**

Rappelez-vous des meubles de nos aïeux sculptés de volutes et d'incursives, des vieux tableaux aux cadres avec des fioritures et des miroirs avec de belles arabesques... Tous ces ornements s'intègrent à merveille dans le style Vintage. Remettez-les donc au goût du jour et décorez vos pages avec.

Pour cela, téléchargez des polices de caractères ornementales et imprimez-les à la taille désirée. Voici une liste de polices utiles que vous pourrez télécharger sur les sites référencés dans les bonnes adresses page 118 : Civilite Tails, DesignDings, Darrians Frames, Frames1, DTFlowers 2, Fleurons, Floralia, Flower Ornaments, Seperates, Fraktur-Schmuck, FramesandHeader, KR Decocapsone, LM Ornaments, OrnamentScrollsandFlorishes, Rage.

Visitez aussi les liens suivants :

http://etc.usf.edu/clipart/sitemap/sitemap.htm (images et bannières) et http://www.abstractfonts.com/category/33/Circus.

### L'importance des polices de caractères

Sur la page « Sibylle » (fig. 1, voir page 70), l'encadrement principal qui décore la photo du bas est une police arabesque agrandie et imprimée en marron sur du transparent. Découpez proprement le contour et évidez l'intérieur. Voir aussi exemple page 64 avec la page « Circus ».

Sur la page « Amies » (fig. 2, voir page 75), l'embellissement floral noir est une police Dingbats imprimée, puis collée sur un cardstock noir et enfin découpée. Reconstituez le motif et collez-le sur votre page. Voir aussi les pages « Motards » et « Tout d'une grande » (pages 64 et 65).

Sur le mini album « Rien que pour toi » (fig. 3, voir pages 76 et 77), diverses polices ornementales sont imprimées sur du cardstock épais beige (doigt pointeur, monogramme A, papillon, spirale...). Découpez-les et collez-les avec du double face 3D afin de donner du volume. Voir aussi la page « Adrien » (page 26) pour le titre et les angelots.

1

2

3

**astuce**

**Si vous possédez peu d'embellissements, privilégiez les polices de caractères imprimées, elles personnaliseront vos pages et albums à moindre coût.**

# La **retouche** de photo

1

2

## Les logiciels offrent de multiples possibilités

Si vous ne souhaitez pas altérer vos photos proprement dites avec les différentes techniques de vieillissement passées en revue (encrage, peinture, ponçage…), travaillez-les sur un logiciel de retouche (par exemple, Photoshop vous permettra de créer des effets intéressants).

Grâce à des manipulations simples mais utiles, vous pourrez recadrer, donner de la luminosité, contraster ou convertir une photo en noir et blanc. N'oubliez pas d'enregistrer votre image en JPEG afin de pouvoir ensuite la tirer en laboratoire.

## Travaillez le noir et blanc ou le sépia

Pour rester dans l'esprit Shabby et Vintage, travaillez de préférence avec des photos en noir et blanc, en sépia ou monochromatiques. De plus, il est plus aisé de scrapper des photos neutres car elles s'intègrent parfaitement sur tous types de papier et de support.

Sur la page « Adrien » (fig. 1, voir page 26), la photo est traitée en sépia. Passez dans un premier temps votre photo en noir et blanc. Puis, dans la fonction « Balance des couleurs », augmentez la quantité de rouge jusqu'à l'obtention de la couleur souhaitée. Accentuez l'effet sépia dans la fonction « Teinte et saturation » en augmentant légèrement la saturation.

## Réduisez le contraste

Réduisez le contraste de votre photo pour lui conférer un aspect rétro, comme sur la page « Ma petite ménagère » (fig. 2, voir page 22) avec la grande photo. Sous Photoshop, allez dans Image > Réglages > Remplacement de la couleur. Dans cette fonction, « désaturez » au maximum et augmentez la luminosité. Validez. Augmentez ensuite de quelques points le contraste de la photo.

# La retouche de photo

**Réalisez des effets directement sur la photo** en ajoutant des images, pour cela, employez l'outil « forme personnalisée ». Cliquez dessus pour changer la forme. Sur la page « Motards » (fig. 1, voir page 64), des étoiles diverses et des papillons ont ainsi été rajoutés.

**Créez des cadres ou des liserés** plus ou moins fins autour de vos photos en utilisant l'outil « Gomme ». Changez son aspect, sa densité et son opacité en cliquant dessus. Sur la page « 12345 » (fig. 2, voir page 25), un léger liseré blanc entoure la photo. Faites glisser la gomme sur le contour de la photo. Créez les trois halos en changeant l'opacité et le diamètre et cliquez à plusieurs reprises à l'endroit désiré. Voir aussi page « Variations Créatives » page 49.

**Ravivez les couleurs d'un motif**
Sur la page « Circus » (fig. 3, voir page 64), la photo est passée en noir et blanc, le nez rouge d'Elisa est ensuite colorisé. Sélectionnez le nez en utilisant l'outil désiré : « Lasso », « Pinceau » ou « Baguette magique », puis dans Edition > Remplir, choisissez la couleur rouge et augmentez son opacité.

**Donnez une touche artistique à votre photo** en appliquant des filtres. Sur la page « Tout d'une grande » (fig. 4, voir page 65), un filtre « Halo » est ajouté sur l'arrière-plan de la photo. Ouvrez la fonction Filtre > Rendu > Halo et choisissez la luminosité et l'objectif. Ce filtre confère au sujet une atmosphère douce et intime.

**Intégrez du texte ou un journaling directement sur votre photo**
Sur la page « Apprendre » (fig. 5, voir page 60), ajoutez du texte en utilisant l'outil « Texte horizontal », agrandissez la taille du cadre au besoin et tapez le texte, « surbrillez-le » et sélectionnez ensuite la police, la taille et la couleur souhaitée.

1

2

3

4

## conseil

**N'hésitez plus à exploiter les différents effets et filtres que vous réserve Photoshop. Grâce à quelques manipulations rapides, vous créerez des photos originales et saisissantes.**

5

# Zoom sur le **monogramme M**

1

2

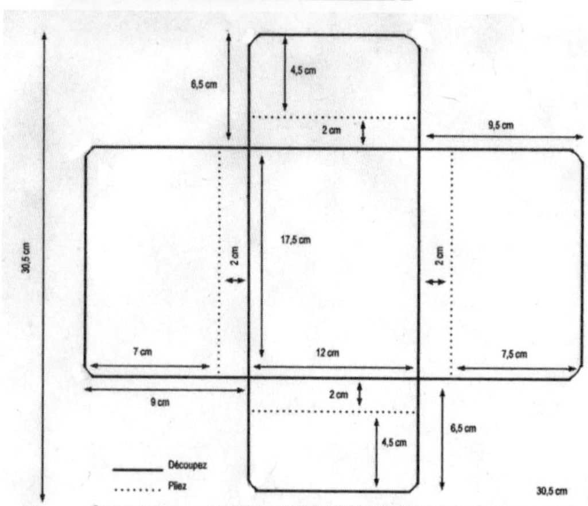


3

Découvrez ce projet page 11, le voici expliqué en quelques étapes :

**1.** Décorez un monogramme (créé par La Pause Créative) de papiers imprimés, d'embellissements divers (ruban, ficelle, bouton, pince à linge, tag de bijoutier, tampon…) et d'une photo au préalable imprimée sur du cardstock blanc.

**2.** Fabriquez les fleurs froissées en papier en dessinant dans deux cardstocks différents trois cercles de tailles variées pour chaque fleur. Déchirez ces cercles en suivant la forme. Froissez-les en insistant bien. Encrez et rajoutez un brad (ou attache parisienne) au centre pour maintenir les trois cercles ensemble.

**3.** Encrez généreusement le monogramme et ses embellissements et collez-le sur un canvas de 20 x 20 cm.

**4.** Mattez entièrement le verso du canvas avec du papier imprimé.

**5.** A l'aide du gabarit ci-dessous, découpez et pliez une boîte, collez-la au verso du canvas. Fermez la boîte grâce à un velcros rond de mercerie.

**6.** Fabriquez un « tag book pocket » en pliant en deux un papier imprimé, puis pliez sous forme d'accordéon en quatre parties égales. Créez des ouvertures dans ces quatre parties afin d'y intégrer des tags embellis.

**7.** Décorez votre « tag book pocket » de photos et d'embellissements divers et rangez-le dans sa boîte.

## astuce

**Placez ce canvas décoré sur un chevalet et exposez-le dans une chambre.**

# Zoom sur la page **12345**

Cette page (voir page 25) intègre de la toile de jute, de l'abacca et du tissu. Les embellissements, surtout floraux, ont une place de choix. Réalisez-la en suivant les instructions suivantes :

**1.** Découpez un carré de 30 x 30 cm dans du carton épais.

**2.** Recouvrez ce carton de toile de jute et cousez le contour.

**3.** Rajoutez des chutes de tissu, motif « toile de Jouy » et floral, une bordure d'abacca vert, un papier imprimé à pois et une page d'un vieux livre.

**4.** Cousez l'ensemble afin de maintenir le tout stable.

**5.** Rajoutez la photo au format 15 x 21 cm.

**6.** Concevez des bordures avec deux rubans différents, l'un est cousu sur le carton et l'autre est maintenu par un nœud.

**7.** Fabriquez une première fleur verte dans du papier uni en découpant dix pétales aux formes très allongées, pliez chaque pétale en deux, assemblez-les à l'aide d'un brad.

**8.** Créez la seconde fleur verte en découpant dans du papier texturé trois cercles de 7 cm de diamètre. Froissez-les, enfilez-les sur un brad jaune et formez ensuite sept pétales en coupant à l'intérieur du cercle.

**9.** Réalisez le titre en peignant en blanc des chiffres cartonnés. Encrez légèrement les contours avec de la chalk.

**10.** Sous Word, imprimez un tag rond, intitulez-le « 5 petits bonheurs ». Rajoutez le journaling avec de la Dymo noire et agrémentez le cercle de rub-ons.

**11.** Fabriquez un tab dans du cardstock uni et perforez un cercle au centre. Décorez-le de petites fleurs en papier.

**12.** Pliez une grosse fleur de soie verte en deux et embellissez-la avec un trombone, un brad serti et de la cordeline verte enroulée sur elle-même.

**13.** Parsemez des fleurs en papier sur l'ensemble de la page.

**14.** Rajoutez des rub-ons et un coin photo que vous agrémenterez de brads. Finissez en collant quelques boutons.

## conseil

**Dès que vous intégrez du tissu ou de la toile sur vos pages, la meilleure manière de les maintenir sur leur support est de les coudre.**

# Zoom sur le mini album **Home sweet home**

1

2

3

Ce mini album a la forme d'une maison. Il est monté sur un canvas carré de 20 x 20 cm (voir page 37). Sa structure est réalisée dans de la cartonnette, peinte avec de l'acrylique blanche et rose, et ensuite poncée au papier de verre pour lui donner un aspect rustique et vieilli.

Reprenez les étapes suivantes pour le réaliser :

**1.** Découpez dans de la cartonnette huit pages de 15 x 15 cm.

**2.** Au centre de la première page, fabriquez une porte de 9 x 13 cm. Incisez l'ouverture de la porte et créez les décorations en découpant six rectangles de 4 x 2 cm et deux carrés de 4 x 4 cm. Collez-les sur la porte en suivant la figure 1. Peignez l'ensemble en blanc et poncez les contours. Rajoutez un brad en guise de poignée.

**3.** Pour le verso de la page, découpez l'accolade et le porte-étiquette dans de la cartonnette, peignez-les en noir pour donner du contraste (fig. 2).

**4.** Au centre de la seconde page, évidez un rectangle de 8,5 x 12 cm. Fabriquez l'encadrement blanc en découpant un autre rectangle de 8,5 x 12 cm, laissez 0,5 cm sur le contour et évidez. Reportez le mot « Home » sur de la cartonnette et découpez. Peignez et poncez tous les éléments. Ajoutez l'encadrement blanc sur l'ouverture rectangulaire et collez une photo sous la page (fig. 2).

**5.** Pour le verso, créez une autre ouverture de 8,5 x 12 cm au centre d'un autre carré. Collez un papier imprimé sous la page. Collez ensuite le recto (étape 4) et le verso (étape en cours, la 5) des pages entre elles. A l'aide d'un gabarit, reportez le mot « Love » sur du carton et découpez. Peignez et poncez le tout (fig. 3).

**6.** Au centre de la troisième page et sur la hauteur, incisez six carrés de 3,5 x 3,5 cm en laissant un espace de 0,5 cm entre chaque carré. Fabriquez l'encadrement de la fenêtre en découpant des fines chutes de cartonnette de 0,5 cm d'épaisseur. Peignez et poncez le tout recto et verso (fig. 3).

## astuce

**Jouez à 100% la récupération en réalisant entièrement ce mini album dans de la cartonnette, embellissements et titres compris.**

# Zoom sur le mini album Home sweet home

4

5

**7.** Travaillez le verso de la troisième page sur une autre cartonnette, incisez au centre une ouverture de 9 x 13 cm toujours sur la hauteur afin que la fenêtre apparaisse à cet endroit précis. Peignez en rose et poncez. Collez le recto (étape 6) et le verso (étape 7) pour former la troisième page. A l'aide d'un gabarit « Petit Lu », fabriquez un cadre blanc et collez-le au verso de la page (fig. 4).

**8.** Au centre de la page suivante, incisez un rectangle de 8,5 x 12 cm, peignez en rose et poncez (fig. 4)

## conseil

**Utilisez trois photos d'un format 10 x 15 cm pour ce projet.**
**Embellissez votre page à chaque étape de sa construction en rajoutant rubans, dentelles, boutons, fleurs, etc.**

**9.** Faites de même pour le verso en incisant une autre cartonnette. Collez une photo sous les deux rectangles découpés. Collez les deux pages entre elles. Fabriquez des arabesques dans de la cartonnette, découpez, poncez et collez-les sur les pages (fig. 4 et 5).

**10.** Peignez la page restante en blanc, poncez. Réalisez un embellissement original en collant une moitié de tag, un cœur, un monogramme et deux porte-étiquettes sur une grosse fleur blanche.

**11.** Perforez deux trous dans chaque page et reliez-les avec un ruban fin.

**12.** Mattez entièrement le canvas de papier imprimé et rajoutez le mini album en collant le verso de la dernière page sur le support.

**13.** Créez le toit en le découpant dans de la cartonnette et en le mattant de papier imprimé. Collez-le sur le canvas en le faisant dépasser de 4 cm. Fabriquez un petit cadre noir cartonné et intégrez-y le titre.

**14.** Rajoutez votre journaling au moyen de stickers ou d'une machine de découpe (Cricut).

# Zoom sur la page
# **Dans l'objectif de Sandra**

Les polices Dingbats tiennent une place de choix dans les deux projets proposés, elles en sont d'ailleurs les embellissements majeurs : doigt pointé, papillons, pictogrammes divers, code barre, etc.

Voici donc la liste des polices utilisées et que vous pourrez télécharger sur les sites listés dans le carnet d'adresses page 118 :
Butterflies/Butterflips/Hotel Coral Essex/Wingdings 2/4YEO IN/ Another Dingbat Font JL/Hootie !/Bar Mkode/Buttons and Switches.

Terminez l'embellissement de la page avec quelques impressions aux tampons. Relevez certains éléments avec un feutre fin noir.

Cette page *(voir page 42)* est construite en reprenant les grands traits du mini album présenté page suivante. L'objectif de l'appareil photo en forme de fleur est initialement un petit chipboard, il a été agrandi à 200% à la photocopieuse puis reporté sur un papier Bazzill rose.

Réalisez le titre en l'imprimant sur du cardstock beige. Choisissez des lettres pleines afin que la découpe de chacune d'elles soit facilitée. Montez le titre sur du double face 3D pour qu'il soit bien mis en valeur.

## conseil

**Gardez précieusement les index photos, ils serviront d'embellissements sur vos pages et ils permettront de visualiser en un clin d'œil le reste des photos qui décorent le mini album.**

# Zoom sur le mini album
# **Moments choisis**

Servez-vous des gabarits présentés page 112 pour réaliser ce mini album (voir page 42).

**1.** Découpez 5 Bazzill de différentes couleurs en deux, soit 15,25 x 30 cm.
- Sur le Bazzill vert, pliez à 20,5 cm, c'est la couverture.
- Sur le Bazzill rose, découpez à 20,2 cm, c'est la première page du mini album, elle se glisse dans le rabat de la couverture.
- Sur le Bazzill blanc, découpez à 20,5 cm.
- Sur deux Bazzill jaunes, découpez à 20,5 cm.
- Sur deux Bazzill blancs, pliez à 20,5 cm.
- Sur le dernier Bazzill vert qui sert de dos de couverture, faites un pliage de 2 cm à 20,5 cm et découpez le reste. Décorez le verso de chaque page de papier imprimé, sauf les deux Bazzill jaunes qu'il faut laisser de côté. Sur chaque page, faites un repère à 1 cm du bord afin de délimiter la reliure. Arrondissez tous les coins de page avec une perforatrice d'angle.

**2.** Dans les papiers imprimés rayé et à pois, confectionnez des bandes de différentes largeurs et collez-les sur certaines pages pour obtenir des bordures.

**3.** Dans les chutes de Bazzill, perforez et / ou redécoupez au Coluzzle des cercles de différentes tailles, tamponnez-y des motifs ronds que vous découperez ensuite.

**4.** Revenez sur la couverture verte, évidez au centre de celle-ci un cercle d'un diamètre de 9,5 cm qui fait office d'objectif. Placez un transparent sur la partie évidée. Réalisez le premier anneau, le viseur et le tabs arrondi dans de la cartonnette peinte en vert. Montez l'anneau au centre du cercle évidé avec du double face 3D. Collez le viseur et le tabs sur le haut de la couverture, créez dedans une ouverture et son encadrement rose.

**5.** Dans le Bazzill rose restant, découpez et évidez la grosse fleur, collez-la au centre de l'objectif (fig. 1).

**6.** Décorez le rabat et le verso de la couverture comme sur la fig. 2 en découpant et en superposant des cercles de différentes tailles et couleurs. Bâtissez la première page rose en collant au bon endroit la photo qui est au centre de l'objectif quand l'album est fermé. Embellissez la page d'un titre et d'ornements découpés au préalable (fig. 3).

**7.** Construisez la seconde page avec des cercles de diverses tailles et couleurs, ajoutez la photo et les embellissements. Représentez un négatif photo en découpant 18 rectangles noirs de 0,70 x 1,5 cm et en les collant en haut et en bas de la troisième page. Placez votre photo au centre et décorez avec les embellissements et le titre de votre choix (fig 4).

1

2

3

4

# Zoom sur le mini album Moments choisis

5

6

7

8

**8.** Encadrez la photo sur la quatrième page en dessinant au verso de la photo un cadre de 1 cm, évidez ensuite proprement. Collez la photo au centre de la page, posez du double face 3D sur l'encadrement, ajoutez-lui un ruban noué et collez-le sur la photo afin de recréer l'image initiale. Embellissez et rajoutez le titre.

**9.** Reprenez les deux Bazzill jaunes (fig. 5). Evidez la partie centrale de chacun d'eux en respectant 1 cm en haut, 1 cm en bas, 2,5 cm sur le côté où se présente la reliure et 1 cm sur l'autre côté. Placez un transparent légèrement plus grand que la partie évidée et collez-le au verso d'un Bazzill jaune. Refermez ensuite avec le second Bazzill. Tamponnez quelques motifs cercles sur le transparent avec l'encre StazOn. Collez une photo au recto et l'autre au verso de la page transparente.

**10.** Sur la page suivante, blanche, fabriquez une enveloppe dans du papier imprimé, à l'intérieur placez-y des photos tirées au format portefeuille (5,5 x 7 cm environ), collez la photo et les embellissements. Décorez le rabat en incisant au centre un cercle de 7 cm de diamètre. Rajoutez une chute de transparent sur le recto. Recouvrez de papier imprimé les deux côtés du rabat, n'oubliez pas d'inciser là aussi les cercles de 7 cm. Ajoutez un anneau rose sur l'un des cercles. Perforez deux ronds et tamponnez-les d'un motif. Collez-les au centre du cercle, l'un au recto et l'autre au verso du rabat, embellissez ensuite. Gardez ce rabat fermé en ajoutant un trombone surmonté d'un ruban noué (fig. 6).

**11.** Pour la page suivante, fabriquez le T et le I dans de la cartonnette et peignez-les en noir. Représentez la lettre O du mot « Toi » en découpant un grand cercle évidé et placez dessous une photo. Composez cette page avec des cercles de différentes tailles et couleurs (fig. 7).

**12.** Créez l'avant-dernière page en perforant cinq petits cercles verts, reliez-les avec un brad, indiquez sur ces cercles, la date, le lieu, etc. Embellissez à votre convenance. Travaillez le rabat recto/verso en découpant et en superposant des cercles de différentes tailles et couleurs. Maintenez ce second rabat fermé avec une pince à dessin (fig. 8).

**13.** Pour la dernière page, reportez la grosse fleur de la couverture sur du papier imprimé, évidez-la et ajoutez lui un fond vert, collez une photo à l'intérieur. Embellissez ensuite. Finalisez en tamponnant quelques cercles sur toutes les pages. Coupez en deux une baguette de reliure achetée dans un magasin de bureautique. Perforez chaque page de dix trous et passez enfin la baguette.

## conseil

**Facilitez sa construction en préparant les éléments à l'avance. Imprimez et découpez les textes, les titres, les pictogrammes nécessaires à la réalisation du projet. Gardez toujours à disposition un feutre fin noir, du double face 3D pour relever certains motifs, ainsi qu'un Coluzzle à motif rond.**

# Zoom sur la boîte à tirettes
# **Des fleurs pour toi**

Voici un projet réalisé sur la base d'un cartonnage embelli comme un support de scrap. Il nécessite des découpages et des collages relativement précis (voir page 45).

1. Découpez dans de la cartonnette épaisse cinq carrés de 17 x 17 cm, ils forment la base de la boîte.

2. Découpez ensuite les tranches de la boîte (plus votre cartonnette est épaisse, moins vous aurez de tranches à fabriquer) de 1,5 x 17 cm et de 1,5 x 14 cm pour celles du milieu (fig. 1).

3. Collez les tranches sur quatre des cinq cartonnettes et sur au moins 1 cm de hauteur afin de faciliter les dernières étapes qui consistent à embellir les tirettes et à les placer à l'intérieur de la boîte. Suivez bien l'exemple des figures 1 et 2 en laissant toujours sur la cartonnette un côté vide et sans tranche, peu importe lequel. Attention au collage, choisissez impérativement une colle forte ou extra forte.

4. Positionnez une première cartonnette, le côté sans tranche face à vous, comme sur la figure 1. Encollez les tranches de cette cartonnette et placez une deuxième cartonnette sur la première, cette fois-ci le côté sans tranche sur la gauche, comme sur la figure 2.

5. Ajoutez la troisième cartonnette sur la deuxième, toujours en décalant l'emplacement libre qui doit se trouver cette fois-ci sur le haut.

6. Collez la quatrième cartonnette sur la troisième, déplacez l'emplacement libre sur la droite.

7. Fermez la boîte avec la cinquième et dernière cartonnette en encollant bien sûr les tranches de la quatrième cartonnette.

8. Décorez chaque côté de la boîte avec du papier imprimé. Prévoyez en sus un rabat de 5 mm en haut, en bas, à gauche et à droite afin de pouvoir recouvrir correctement le support. Prévoyez aussi des marques précises pour inciser le papier imprimé à l'endroit où se situe l'ouverture.

9. Découpez deux carrés de 16,7 x 16,7 cm et collez-les sur le bas et sur le haut de la boîte. Embellissez le haut de la boîte (fig. 3).

10. Fabriquez quatre tirettes (13 x 15 cm) dans du cardstock ou du papier imprimé épais.

11. Embellissez-les recto et verso de bandes de papiers, photos, fleurs, rubans, textes, tampons, etc. (fig. 4). Rajoutez sur chaque tirette un tabs agrémenté d'un titre (voir le livre « Scrap Embellissements », page 77 pour les différents tabs possibles) et collez-le de manière à ce qu'il sorte d'au moins 1,5 cm (fig. 3). Lorsque vous collez les embellissements, faites attention à ce que la tirette rentre toujours convenablement dans la boîte.

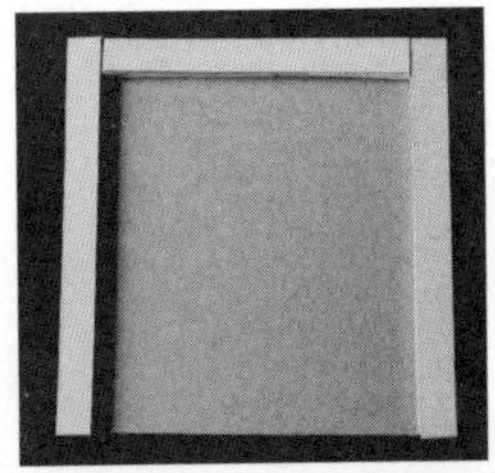
1

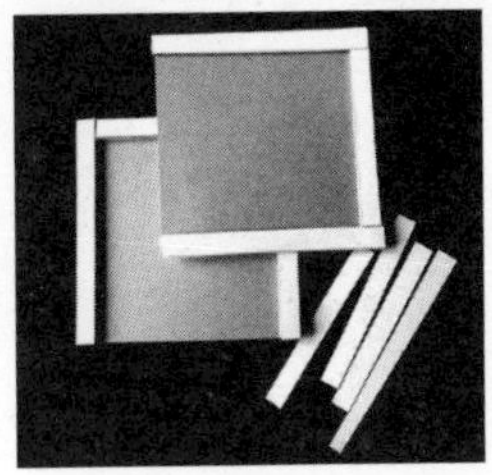
2

3

4

# Zoom sur le mini album
# **Joyeuse Halloween**

1

2

3

4

Ce mini album est conçu dans un petit livre d'enfant cartonné, retrouvez-le page 54.

**1.** Poncez toutes les pages (couverture comprise) avec du papier de verre. Peignez-les ensuite avec du gesso.

**2.** Recouvrez la couverture de Walnut Ink. Récupérez une demi-page d'un vieux livre et collez-la sur la bordure intérieure du mini album. Ajoutez la photo et les embellissements (fig. 1).

**3.** Recouvrez de Walnut Ink les deux pages suivantes.

**4.** Créez du volume sur la première page en collant une bande de gaze avec du médium mat. Repassez une couche de Walnut Ink dessus. Rajoutez la photo et embellissez avec des fleurs (fig. 2).

**5.** Positionnez sur la seconde page des autocollants Decadry et un mask à motif fleur, recouvrez avec de l'acrylique noire. Otez les motifs afin qu'apparaisse le fond encré à la Walnut Ink. Embellissez la page. Coloriez la citrouille sur la photo avec un feutre ZIG (fig. 2).

**6.** Collez sur la page suivante une demi-page d'un vieux livre. Recouvrez les deux fonds de Walnut Ink.

**7.** Ajoutez de la pâte 3D, et tamponnez dedans des motifs à l'aide de foam stamps. Laissez bien sécher. Mettez de la couleur en peignant les motifs avec de l'acrylique orange. Noircissez le contour des pages avec de l'encre. Rajoutez les photos et les embellissements (fig. 3).

**8.** Recouvrez les deux dernières pages de Walnut Ink. Accentuez la couleur à certains endroits en rajoutant encore un peu de Walnut Ink. A l'aide du bouchon d'une bouteille d'eau, tamponnez des cercles sur les pages avec de l'acrylique blanche. Collez les photos et les embellissements et ajoutez des rub-ons (fig. 4).

## astuce

**Vous possédez des rub-ons avec des mots en anglais et vous ne savez pas comment les utiliser ? Coupez les mots en deux dans le sens de la longueur. Embellissez ensuite le haut et/ou le bas de la page avec ces rub-ons. Il sera impossible de lire ce qui est marqué mais cela décorera astucieusement une page ou un mini album.**

# Zoom sur la page **Dans nos deux mains**

**1.** Découpez dans une chute de carton un rectangle de 23 x 16,5 cm, peignez-le en vert et encrez généreusement le contour avec une encre chalk marron.

**2.** Mattez votre photo (format 15 x 21 cm) sur une page d'un vieux livre et collez-la sur le carton. Créez un encadrement raffiné sur le haut du mat en rajoutant une décoration miniature.

**3.** Colorisez la photo avec de la Distress™ et un chiffon doux (voir la technique page 87).

**4.** Créez le fond de la page en associant au moins quatre chutes de papier imprimé et / ou texturé. Encrez chaque chute avec la Distress™ Vintage Photo avant de la coller.

**5.** A l'aide d'un gros tampon à motif ornemental, réalisez une bordure sur le côté droit de la page. Tamponnez avec de la Versamark et embossez rapidement avec une poudre couleur or.

**6.** Collez le mattage (ou matting) sur la page.

**7.** Réalisez une bordure de perles sur le haut de la page en les enfilant sur du wire (ou fil de fer).

**8.** Collez une seconde photo plus petite et ajoutez un encadrement miniature sur le motif principal de l'image.

**9.** Découpez six formes irrégulières dans de la cartonnette. Embossez chacune d'elles avec de la poudre or et, sans perdre de temps, tamponnez dessus un motif au préalable encré de noir. Les motifs ressortent en relief. Collez les formes de façon harmonieuse sur la page.

**10.** Décomposez le titre dans divers embellissements (rub-ons, stickers et chipboards).

**11.** Rajoutez les derniers embellissements : mesh, étoiles, fleurs... Apportez du dynamisme en collant des fleurs aux couleurs vives.

**12.** Patinez légèrement de noir et à l'aide d'un chiffon les embellissements dorés qui composent la page.

## à savoir

**Plusieurs techniques ont été utilisées pour réaliser cette page (voir page 57).**

# Zoom sur les pages **Au jardin** et **Motards**

1

2

## Au jardin (fig. 1, voir page 58)

La photo est retouchée sous Photoshop afin de rendre l'herbe plus verte et plus lumineuse et surtout afin de contraster avec les papiers généreusement encrés. Pour la construction de la page, utilisez de préférence des papiers réversibles (marque Chatterbox ou Crate Paper par exemple). Découpez dans plusieurs papiers imprimés des bandes de différentes longueurs, abîmez-les, froissez-les, maltraitez-les au maximum et encrez-les pour les vieillir. Collez-les ensuite harmonieusement sur un cardstock. Récupérez sur Internet ou sur des magazines quelques vieilles images afin d'agrémenter votre page. Rajoutez des éléments naturels, ici une brindille de bois est cousue directement sur le papier, de la cordelette fine surmontée d'un charm « libellule » entoure le côté droit de la photo. Pour finir, disposez des stickers Jolee's sur le thème du jardin. N'hésitez pas à encrer généreusement tous les embellissements : fleur, ruban, image, titre… pour cadrer au style Vintage.

## Motards (fig. 2, voir page 64)

Cette photo, a priori très moderne, est vieillie avec de l'encre et du papier de verre. Elle est tirée deux fois au format 15 x 21 cm : une en couleur et l'autre en noir et blanc afin de faire un montage. Grâce à l'outil « Forme personnalisée » de Photoshop, toutes sortes d'étoiles et de décorations sont rajoutées. Réalisez le montage en collant la première photo noir et blanc sur la page. Découpez sur la deuxième photo en couleur le ou les personnages principaux, montez le découpage sur du double face 3D et collez-le à l'emplacement précis sur la première photo.

Cette technique très simple permet de mettre en valeur des éléments de la photo originale. Les vieilles étiquettes imprimées sur le thème de la moto accentuent le style Vintage. Créez la bordure du bas de page en imitant des traces de pneus d'une moto. Pour cela, découpez une bordure de 30 x 6,5 cm dans de la cartonnette. Enduisez-la de pâte 3D blanche et épaisse. Servez-vous ensuite d'un jouet d'enfant pour former les traces. Laissez bien sécher. Encrez les traces de noir afin qu'elles ressortent bien. Agrandissez et imprimez un motif ornemental récupéré d'une police Dingbats et collez-le à l'arrière de la moto. Dessinez et découpez dans des bandes de Scotch aluminium plusieurs petites étoiles, encrez-les et collez-les avec parcimonie sur la page. Rajoutez des fleurs afin d'apporter une touche de féminité.

# Zoom sur le mini album **interactif**

Cette page 30x30 cm comporte un mini album interactif (page 78). Tirez sur le gros tag et les pages s'ouvrent une à une (fig. 1). Ce projet est facilement adaptable dans des formats plus petits, il est présenté ici sur un fond de page 21x29,7 cm pour faciliter les découpes de papier qui seront moins nombreuses.

**1.** Découpez trois cardstocks (marque Bazzill) en deux parties égales, soit six chutes de 15,25 x 30,5 cm.

**2.** Sur un cardstock, créez à l'une des extrémités la forme d'un tag (fig. 2).

**3.** Sur quatre cardstocks, mesurez et coupez à 16,5 cm.

**4.** Sur le dernier, mesurez et coupez à 18,5 cm.

**5.** Sur les cinq cardstocks redimensionnés, mesurez 2 cm à l'une des extrémités et faites un rabat.

**6.** Collez le rabat de la première page sur le cardstock/tag (fig. 2). Collez ensuite le rabat de la seconde page juste à côté du premier, le rabat de la troisième page à côté du deuxième et ainsi de suite (fig. 3). Ajoutez la page la plus longue (18,5 cm) en dernier. Rabattez toutes les pages, elles se présentent logiquement décalées (fig. 4).

**7.** Réalisez deux languettes de maintien dans une chute de cardstock, elles permettront de fixer le mini album sur son support (voir gabarit page 112). Découpez pour cela deux rectangles de 5,5 x 9,5 cm. Créez un pli de 0,5 cm dans la longueur des languettes à 2 cm du bord.

**8.** Collez ces deux languettes sur le verso et à l'extrémité de la dernière page du mini album, une en haut, l'autre en bas (fig. 5, dernière page ouverte et fig. 6, structure ouverte). Attention, l'arête du premier pli de la languette doit concorder avec l'arête de la page.

**9.** Découpez dans de la cartonnette une bande de consolidation, elle facilite le passage des pages à l'intérieur de la structure. Elle doit mesurer 15,25 x 4 cm (15,25, la moitié de 30,5).

**10.** A l'intérieur de la structure, collez la bande de consolidation sur la totalité du premier rabat et sur une partie du gros tag (fig. 7).

**11.** Embellissez les pages avec des photos, des rubans, des boutons, des dentelles, etc.

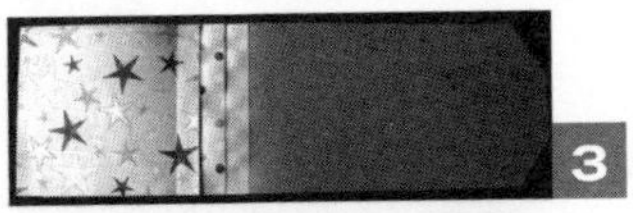

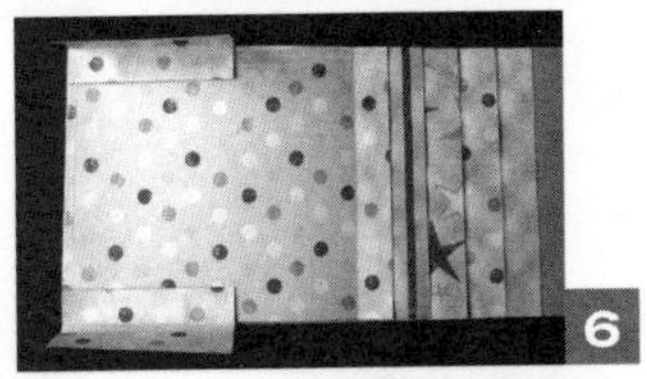

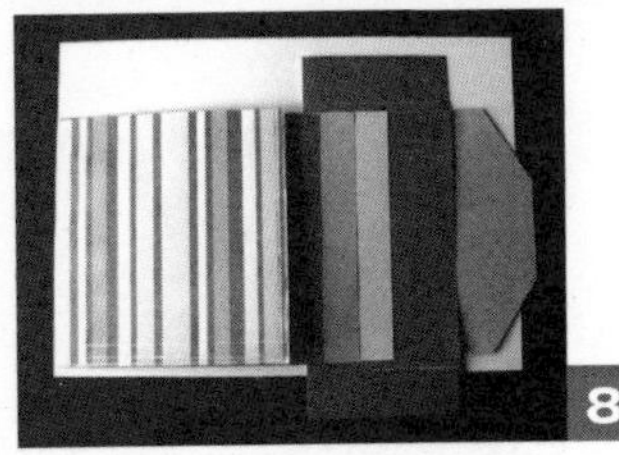


**12.** Fabriquez le support en découpant un rectangle de 21 x 29,5 cm dans de la cartonnette. Mattez-le entièrement de papier imprimé recto et verso. Ajoutez le titre.

**13.** Disposez le mini album sur le support en rabattant les deux languettes sous le gros tag. Attention, n'encollez que les languettes de maintien (fig. 8), tout le reste doit rester ballant pour que le projet fonctionne bien.

# Zoom sur le mini album rond
# **Encadrées**

1

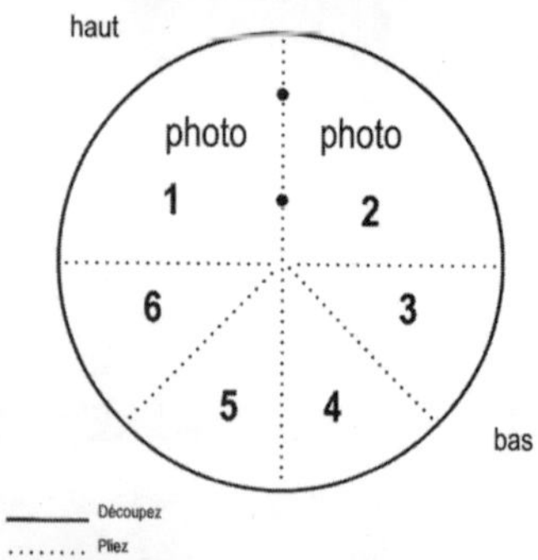


2

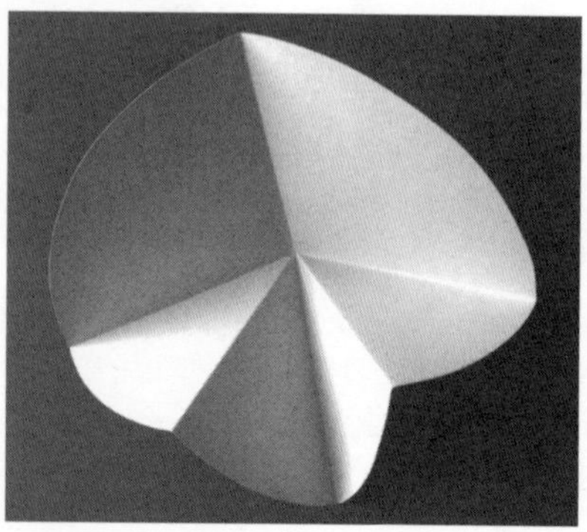

3

Grâce à un astucieux pliage, réalisez ce mini album qui s'ouvre sur quatre parties distinctes à décorer à votre guise. Voir pages 80 et 81.

**1.** Découpez quatre cercles d'un diamètre de 30 cm dans quatre cardstocks différents, utilisez une grande assiette ou un couvercle comme gabarit.

**2.** Pliez les quatre cercles, un à un, en deux parties égales, puis encore une fois en deux parties égales, et enfin sur les côtés pour obtenir le pliage comme sur les figures 2 et 3.

Le haut de la structure est représenté par les chiffres 1 et 2, vous y collerez les photos.

Les chiffres 3, 4, 5 et 6 correspondent à la partie basse qu'il faudra ensuite rabattre et coller plus tard dans l'avancement des pages.

Imaginez toujours votre structure collée et fermée. Afin de faciliter l'emplacement des photos et des embellissements et en attendant que tout soit collé, maintenez les rabats fermés avec du double face. Il faut donc abaisser 4 sur 5 et rabattre le verso de 3 sur le verso de 4. Il ne restera donc plus que les parties 3 et 6, c'est ici que vous ajouterez les embellissements et le journaling. Vous pouvez, si vous le souhaitez, ne pas coller la partie 4 et 5 afin d'y intégrer des photos et des embellissements qui seront cachés. Vous maintiendrez alors cette partie fermée sur le support à l'aide d'un trombone.

**3.** Embellissez chaque cercle séparément et gardez-les toujours pliés correctement. Le premier cercle que vous agrémenterez fera office de couverture. Travaillez donc le recto en collant un papier imprimé. Glissez entre le support et ce papier imprimé environ 30 cm de ruban qui vous permettront ensuite de fermer votre mini album avec un joli nœud. Décorez la couverture (ici un petit cadre en bois est collé pour rappeler le thème des photos), ajoutez le titre.

**4.** A l'intérieur de ce même cercle plié, rajoutez des bandes de papiers imprimés, des rubans, des fleurs, des tampons, un tag... et bien sûr des photos. Fabriquez et décorez le tag dans du cardstock (dimension 12 x 6,5 cm). Perforez deux trous dans le tag et deux trous correspondant aux deux premiers sur la rainure du cercle plié comme indiqué sur la figure 2 (parties 1 et 2 avec les points noirs). Placez le tag à l'intérieur du cercle et passez une extrémité de ruban de l'extérieur du support vers l'intérieur, enfilez-le dans le premier trou du tag. Passez ensuite l'autre extrémité de ruban dans la structure et dans le second trou du tag ; faites un joli nœud au centre pour le maintenir stable.

# Zoom sur le mini album rond Encadrées

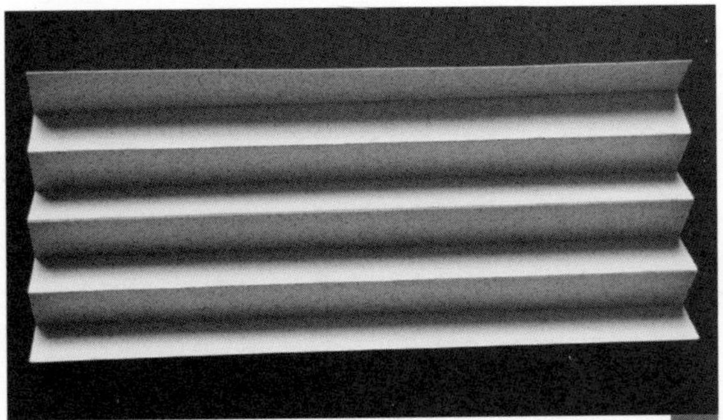

4

5

**5.** Afin de donner du dynamisme au projet, réalisez certains embellissements (fleurs, papillons) suspendus sur une tige de fil de fer. Servez-vous alors des parties 4 et 5 pour maintenir les tiges stables à l'intérieur de la structure. Rabattez et fermez ensuite 4 sur 5 en employant une colle forte. Réajustez au besoin les tiges de fer en les entortillant sur elles-mêmes si elles semblent trop longues.

**6.** Embellissez les trois structures restantes de la même manière que la première. N'oubliez pas de rajouter sur l'arrière de la dernière structure (celle qui fermera le mini album) un bout de ruban de 30 cm et de coller le papier imprimé.

**7.** Pour maintenir les quatre structures entre elles, concevez une bande de reliure dans un cardstock épais (fig. 4) en découpant une bande de 15 x 8 cm si votre mini album n'est pas trop épais ou de 15 x 12 cm si celui-ci est volumineux. Réalisez un accordéon en pliant tous les 1 cm, sur 8 cm de long pour le premier cas, ou tous les 1,5 cm sur 12 cm de long pour le second cas. Quatre tranches apparaissent alors distinctement (fig. 4). Ajoutez une structure dans chacune des tranches. Toutes les structures sont collées entre elles à l'arrière.

**8.** Il est vivement recommandé pour cette dernière étape d'utiliser une bonne colle à reliure (genre colle vinylique ou colle blanche) et de bien laisser sécher entre chaque phase de collage. Servez-vous de pinces à dessin afin de bien maintenir les parties collées ensemble.

**9.** Commencez par la première structure en collant le premier accordéon sur le devant de la couverture et à l'arrière du cercle plié, encollez alors rapidement la deuxième structure devant et placez-la dans le deuxième accordéon tout en la collant fermement à l'arrière de la première structure. Fixez les pinces à dessin et laissez sécher au moins 15 minutes. Collez l'autre partie du deuxième accordéon, encollez la troisième structure sur le devant, placez le troisième accordéon et collez la structure 2 sur la structure 3. Laissez sécher et faites de même pour la dernière structure. Fermez correctement le mini album en remontant toutes les parties 3 et 6 à l'intérieur du mini album.

# Les **gabarits**

1

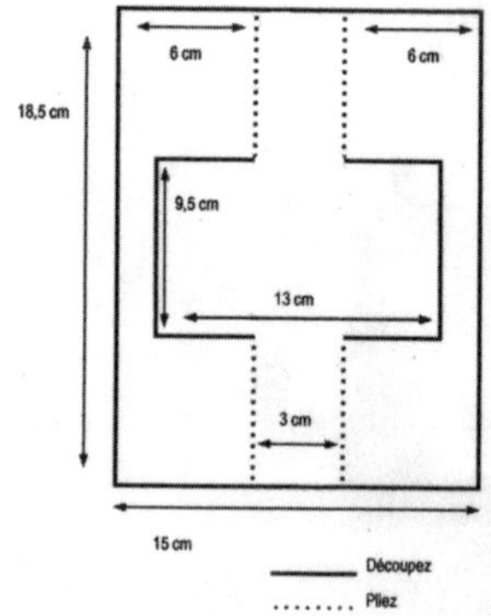


2

3

4

5

6

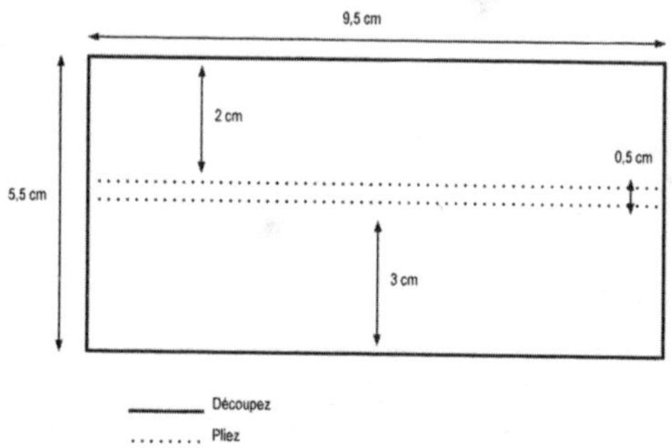


7

### Mini album « 2 dans la piscine »

**(Fig. 1 et 2, page 41)**

Découpez deux Bazzill (30,5 x 30,5 cm) à 18,5 cm pour marquer la hauteur. Pliez-les ensuite deux fois à 15 cm dans la longueur et gardez les 0,5 mm restants à chaque extrémité pour les relier. Reproduisez le schéma suivant sur les quatre pages que vous venez de créer.

### Mini album « Moments choisis »

**(Fig. 3, 4 et 5, pages 42 à 44 et 102 à 104)**

Gabarits à reporter dans de la cartonnette, du cardstock et du papier imprimé.

### Mini album « M comme mariage »

**(Fig. 6 et 7, page 78)**

Bande de maintien à reproduire deux fois dans du papier cartonné.

# [ Liste des **matériels utilisés**

Je tiens à remercier les sociétés suivantes qui ont gracieusement accepté de me fournir en matériels : La Compagnie des Elfes, Karen Foster Design, Kars, Madame Scrap, SCAP et Scrap Magie.

**Je vous M vous 2 (couverture).** Papiers 7Gypsies. Rubans May Arts. Fleurs Prima Flowers. Brads Bazzill. Rub-Ons Rouge de Garance et Creative Imaginations. Mesh Magic Mesh. Flipette 7Gypsies. Stickers Artic Frog et Creative Imaginations.

**Adorable M (page 6).** Papiers Making Memories, Daisy D's, Melissa Frances, Urban Lily et Autumn Leaves. Tag Anna Griffin. Brads Making Memories. Boutons Foof-a-la. Porte-étiquette, fleurs et monogramme M Making Memories. Rub-ons Rouge de Garance. Etiquette Melissa Frances. Rubans May Arts.

**Gros bisous (page 7).** Papiers Making Memories et Rusty Pickle. Rubans May Arts. Foam stamps Making Memories. Stickers Chatterbox. Rub-ons Rouge de Garance. Encre Distress Ranger. Boutons Foof-a-la. Brads et tag Making Memories. Mesh Magic Mesh. Métal All My Memories. Tampons Hero Arts et la Compagnie des Elfes.

**Chloé (page 8).** Papiers Chatterbox. Canvas Gifi. Rub-ons Rouge de Garance. Boutons Foof-a-la. Etiquette Melissa Frances. Stickers Anna Griffin. Rubans May Arts. Fleurs Prima Flowers.

**Léna (page 9).** Papiers BasicGrey. Boutons Bazzill. Rubans May Arts. Fleurs Prima Flowers. Brads Bazzill. Tampons Autumn Leaves et Hero Arts. Rub-Ons Making Memories et BasicGrey. Stickers K and Company. Mesh Magic Mesh.

**Du bonheur (page et mini album pages10-11).** Papiers Daisy D's. Tampons Hero Arts, La Compagnie des Elfes et PSX. Brads Bazzill. Rubans May Arts. Boutons Bazzill. Fleur Prima Flowers. Encre Memories. Monogramme M Pause Créative. Canvas Cultura.

**4 ans (page 12).** Papiers Melissa Frances. Cardstock Bazzill. Coins photos Heidi Swapp. Boutons Foof-a-la. Strass Making Memories. Rub-ons Scrapworks.

**Jockovic Family (page 12).** Cadres Gifi. Brads Bazzill. Chipboards Making Memories. Rub-ons Rouge de Garance.

**Guylaine et Sibylle (page 12).** Rubans May Arts. Rub-ons Rouge de Garance. Foam stamps Heidi Swapp. Mesh Magic Mesh. Gesso et lin.

**Ma petite fée (page 13).** Papiers Daisy D's. Ruban May Arts. Foam stamps Making Memories. Brads Making Memories. Stickers Anna Griffin. Fleur Prima Flowers.

**Ma couleur du bonheur (page 14).** Tampons Hero Arts. Rub-ons Rouge de Garance. Stickers American Craft. Chipboards Making Memories. Roue Watercolor.

**C'est la vie (page 15).** Rub-ons Rouge de Garance. Rubans May Arts. Brads Bazzill. Walnut Ink FiberScraps.

**Quand vient le printemps (page 15).** Fleurs Prima Flowers. Brads Making Memories. Tampons PSX, Da Vinci et Artemio. Rubans May Arts. Stickers EK Success.

**Mon jardin extraordinaire (page 16).** Rub-ons Provocraft, Autumn Leaves et Rouge de Garance. Chipboards Heidi Swapp. Stickers K and Company. Ruban May Arts. Fleur Prima Flowers. Brads Karen Foster.

**Toujours bien en Blue Jean (page 17).** Foamp stamps Making Memories. Chipboards EK Success. Brads Karen Foster et Making Memories. Boutons Foof-a-la. Rub-ons KI Memories et Rouge de Garance. Stickers Creative Imaginations. Fleurs Prima Flowers. Tampons PSX. Mesh Magic Mesh. Flipettes 7Gypsies. Rubans May Arts.

**Elisa (page 18).** Papiers My Mind Eyes. Rub-ons Rouge de Garance. Boutons Foof-a-la. Foam stamps Making Memories. Fleur Prima Flowers. Tampon PSX et Hero Arts. Tag 7Gypsies. Œillets Making Memories. Embellissement EK Success.

**La vie c'est aimer (page 18).** Papiers Chatterbox. Stickers Anna Griffin. Chipboards Heidi Swapp. Rub-ons Rouge de Garance. Flipettes 7Gypsies. Fleurs Prima Flowers. Boutons Foof-a-la. Mesh Magic Mesh. Tampon clear Autumn Leaves et Anna Griffin. Brads Bazzill. Coins photos Heidi Swapp. Abacca Cultura.

**Jolies princesses (page 19).** Papiers Chatterbox, Urban Lily et Bazzill. Foam stamps Li'l Davis. Tampons Hero Arts. Fleurs Prima Flowers.

# Liste des matériels utilisés

Brads Bazzill. Rubans May Arts. Etiquette Melissa Frances. Boutons Foof-a-la. Porte-étiquette Making Memories. Flipette 7Gypsies. Rub-ons Rouge de Garance.

**Joyeux Noël et Bonne Année (page 20).** Papiers Melissa Frances, Scenic Route, DDDesign7 et 7Gypsies. Cardstock Bazzill et papier texturé. Rubans May Arts. Label tissu Karen Foster. Chipboard Making Memories. Twill Making Memories. Flipette 7Gypsies. Plaque Karen Foster. Stickers American Crafts, BasicGrey et Creative Imaginations.

**Ma tasse de thé (page 21).** Papier de fond Marie-Claire Idées et My Mind Eyes. Transparent autocollant Sigel. Porte-étiquette Karen Foster. Rub-on Rouge de Garance. Brads Bazzill. Stickers Heidi Swapp et BasicGrey. Tasse Jolee's EK Success. Ruban May Arts.

**Prendre la pose (page 21).** Papiers 7Gypsies et Melissa Frances. Transparent Autumn Leaves. Mask Heidi Swapp. Brads Making Memories. Cut-out KI Memories.

**Ma petite ménagère (page 22).** Papiers Anna Griffin et BasicGrey. Cardstock Bazzill. Monogramme M My Mind's Eyes. Embellissement et bouton Foof-a-la. Brads Making Memories.

**Du thé pour 2 (page 22).** Papiers BasicGrey et My Mind's Eyes. Cardstock Bazzill. Rubans May Arts. Rub-ons Rouge de Garance. Brads Making Memories. Stickers Artic Frog et Anna Griffin. Fleurs Prima Flowers et Doodlebug. Transparent Christine Adolph Creative Imaginations.

**Tatiana (page 23).** Chipboards Heidi Swapp, My Mind's Eyes, Making Memories et BasicGrey. Rubans May Arts. Boutons Bazzill et Foof-a-la. Fleurs Prima Flowers et Doodlebug. Brads Karen Foster et Making Memories, Rub-ons Making Memories et Rouge de Garance. Flipette 7Gypsies. Tampons Hero Arts et Autumn Leaves. Tag rond Making Memories. Cadre Making Memories.

**N'oublie pas maman que je t'aime (page 24).** Papiers BasicGrey et My Mind's Eyes. Mesh Magic Mesh. Boutons Foof-a-la. Rub-ons Rouge de Garance et KI Memories. Fleurs Prima Flowers et Rouge de Garance. Rubans May Arts. Brads Making Memories. Flipettes 7Gypsies. Ardoise/chevalet Maison du Monde.

**12345 (page 25).** Papier Melissa Frances. Rubans May Arts. Chipboards BasicGrey. Fleurs Prima Flowers, et Doodlebugs. Tag rond Making Memories. Brads Making Memories et Karen Foster. Flipette 7Gypsies. Rub-ons Rouge de Garance. Boutons Foof-a-la.

**Adrien (page 26).** Papiers 7Gypsies et Scenic Route. Brads Making Memories. Stickers American Crafts. Embellissement en métal All My Memories. Rubans May Arts. Fleur en crochet fait main par Tone.

**Bonheur (page 27).** Boutons EK Success. Châssis Cultura. Fleurs Prima Flowers. Dentelles et boutons divers de mercerie.

**Mon cœur (page 27).** Rub-ons Rouge de Garance. Boutons Foof-a-la et Bazzill. Métal Making Memories. Tampon Hero Arts. Dentelles mercerie.

**Photos (pages 28-29).** Boutons EK Success. Fleurs Prima Flowers. Brads Making Memories. Dentelles diverses mercerie.

**L'heure des jeux (page 30).** Papiers BasicGrey. Rubans Making Memories et May Arts. Flipette 7Gypsies. Stickers American Crafts. Boutons Foof-a-la. Brads Karen Foster. Plaque Karen Foster.

**Joyeuses Pâques (page 31).** Papiers Daisy D's. Cardstock Bazzill. Rubans May Arts et KI Memories. Fleurs Prima Flowers et Doodlebug. Embellissements Jolee's. Brads Making Memories. Boutons Foof-a-la. Chipboards Heidi Swapp.

**Une vie d'artiste (page 32).** Papiers Making Memories et BasicGrey. Rubans May Arts. Découpe Anna Griffin. Stickers Making Memories et American Crafts. Fleurs Prima Flowers. Brads Karen Foster. Boutons Foof-a-la. Tampon PSX.

**Dans le jardin (page 33).** Chipboards Heidi Swapp. Boutons Foof-a-la. Rubans May Arts.

**Précieux moments (pages 34-35).** Papiers 7Gyspies Monogrammes en bois Pause Créative. Rubans May Arts. Canvas de différentes tailles Cultura. Boutons Foof-a-la. Rub-ons BasicGrey et Rouge de Garance. Foam stamp Heidi Swapp. Chipboards Fancy Pants. Fleurs Prima Flowers. Porte-étiquette en métal Making Memories. Chipboards Making Memories. Stickers Creative Imaginations. Flipette 7Gypsies.

**Mariage classe (page 36).** Papier Foof-a-la. Rubans May Arts. Stickers Making Memories. Chipboards Heidi Swapp. Rub-ons Rouge de Garance et Creative Imaginations. Brads Bazzill. Robe Mattel.

# Liste des matériels utilisés

**Ma pièce favorite (page 37).** Papiers BasicGrey. Canvas Cultura. Tampon Heidi Swapp. Stickers Anna Griffin, SEI et Heidi Swapp. Brads Making Memories. Boutons Foof-a-la et Bazzill. Embellissement métal Karen Foster. Fleurs Doodlebug. Rubans May Arts. Porte-étiquette et chipboards Making Memories.

**Rose (page 38).** Papiers Melissa Frances. Stickers Jolee's EK Success, Making Memories et Carolee's Creation. Brads Karen Foster et Making Memories. Rubans May Arts et Making Memories. Fleur Prima Flowers. Rub-on Rouge de Garance.

**Notre chambre (page 39).** Papiers Foof-a-la et Anna Griffin. Fleurs Prima Flowers. Tampons Hero Arts, PSX et Fontwerks. Dymo noire. Bouton Foof-a-la et EK Success. Brads Making Memories. Stickers Making Memories, Creative Imaginations et Anna Griffin. Tag rond et plaque M Making Memories. Rub-ons Rouge de Garance. Rubans May Arts. Embellissements K and Company et Foof-a-la.

**Toilettes pour dames (page 40).** Papiers Making Memories. Rubans May Arts. Monogramme My Mind's Eyes. Flipettes 7Gypsies. Boutons Bazzill. Brads Karen Foster et Making Memories. Chipboards Heidi Swapp. Tampons Hero Arts. Rub-ons BasicGrey et Rouge de Garance. Fleurs Prima Flowers et Doodlebug.

**Le bleu de vos yeux (page 40).** Brads Making Memories. Chipboards Making Memories, BasicGrey et Imagination Project. Rub-on Rouge de Garance.

**2 dans la piscine (page 41).** Papiers Crate Paper. Cardstock Bazzill. Boutons Foof-a-la. Fleurs Prima Flowers. Brads Bazzill. Rub-ons Rouge de Garance. Tampons Hero Arts. Rubans May Arts. Stickers Jolee's EK Success, et KI Memories. Découpes Rouge de Garance. Tags Making Memories.

**Dans l'objectif de Sandra et moments choisis (pages 42, 43, 44).** Papiers Crate Paper. Boutons Foof-a-la. Fleurs Prima Flowers. Brads Bazzill. Rubans May Arts. Chipboards Heidi Swapp. Tampons Hero Arts, PSX, Heidi Swapp, Artemio et Toga. Dymo noire. Rub-ons Rouge de Garance. Foam stamp Making Memories. Impressions Creative Imaginations.

**Des fleurs pour toi (page 45).** Papiers Chatterbox. Brads Karen Foster. Mesh Magic Mesh. Tampons Hero Arts. Stickers Creative Imaginations. Rub-ons Rouge de Garance. Fleurs Prima Flowers. Boutons EK Success.

**Joyeux anniversaire (pages 46, 47).** Papiers et rub-ons Scrapworks. Fleurs Doodlebug et Prima Flowers. Brads Making Memories. Mesh Magic Mesh. Rubans May Arts. Stickers American Crafts et Anna Griffin. Tampons Hero Arts et PSX. Tag et charm en métal Making Memories. Flipette 7Gypsies. Stickers EK Success.

**Bonheur simple (page 48).** Papiers Daisy D's et Foof-a-la. Boutons Foof-a-la. Tag rond Making Memories. Stickers SandyLion. Transparent Autumn Leaves. Mesh Magic Mesh.

**Variations Créatives (page 49).** Papiers K and Company et Urban Lily. Transparent Autumn Leaves. Ecusson La Dame de Kit. Brads Making Memories et Karen Foster. Rubans May Arts. Stickers Karen Foster.

**La plus coquette (page 50).** Papiers Deluxe Designs, Daisy D's, Scenic Route et Anna Griffin. Stickers Mustard Moon et K and Company. Brads Making Memories. Mesh Magic Mesh. Encre Distress.

**Aimer en été (page 51).** Foam stamp Heidi Swapp. Tampons Artemio, Hero Arts, Da Vinci et Heidi Swapp. Plaque Karen Foster. Bouton Foof-a-la. Rub-ons et cut-out Rouge de Garance. Rubans May Arts. Fleurs Prima Flowers. Brads Making Memories. Stickers Creative Imaginations.

**Eclat 2 rire (page 52).** Papier BasicGrey. Cardstock Bazzill. Brads Karen Foster. Fleurs Prima Flowers. Boutons Foof-a-la. Rubans May Arts. Mesh Magic Mesh. Foam stamps Making Memories. Chipboards BasicGrey. Etiquette Melissa Frances. Tampons Hero Arts et Autumn Leaves. Walnut Ink FiberScraps.

**Le temps des cerises (page 52).** Papiers 7Gypsies. Monogramme My Mind's Eyes. Fleurs Prima Flowers et Doodlebug. Brads Karen Foster et Bazzill. Mesh Magic Mesh. Rubans May Arts. Tampons Hero Arts et PSX. Œillets et tags Making Memories. Rub-ons Making Memories et Autumn Leaves. Stickers Kelly Panacci. Walnut Ink FiberScraps.

# Liste des matériels utilisés

**H2O (page 53).** Chipboards BasicGrey. Brads Bazzill et Karen Foster. Rub-ons Rouge de Garance. Plaques décoratives Karen Foster. Rubans May Arts. Embellissements Jolee's EK Success et Scenic Route. Mesh Magic Mesh. Peebles Peebles Inc. Bande décorative Heidi Swapp. Walnut Ink FiberScraps.

**Joyeuse Halloween (page 54).** Rub-ons Karen Foster. Walnut Ink FiberScraps. Tag métal et charm Making Memories. Brads Karen Foster. Mask Heidi Swapp. Foam stamp Making Memories. Rubans May Arts. Mesh Magic Mesh. Fleurs Doodlebug.

**Trick or treat (page 55).** Papiers DCWV, Chatterbox, Karen Foster et Daisy D's. Mesh Magic Mesh. Foam stamps Making Memories. Stickers vintage Craft Secrets Publications. Brads Making Memories et Karen Foster. Métal Making Memories.

**Des bonbons ou un sort (page 55).** Papiers Karen Foster et 7Gypsies. Medium mat Liquitex.

**Halloween (page 56).** Papiers Karen Foster et Chatterbox. Rubans May Arts. Foam stamps Making Memories. Brads Karen Foster. Chipboards Heidi Swapp. Mesh Magic Mesh. Stickers Anna Griffin.

**Dans nos 2 mains (page 57).** Papiers BasicGrey et Daisy D's. Brads Making Memories. Rub-ons et chipboards Making Memories. Stickers K and Company. Tampons Magenta, PSX, Hero Arts et la Compagnie des Elfes. Mesh Magic Mesh. Poudre à embosser or Artémio.

**Au jardin (page 58).** Papiers Crate Paper et Bazzill. Rubans May Arts. Rub-ons BasicGrey et Rouge de Garance. Stickers K and Company. Embellissements EK Success. Brads Karen Foster. Tampons Hero Arts. Mesh Magic Mesh.

**La fée des bois (page 59).** Papiers Daisy D's et Rusty Pickle. Rub-ons BasicGrey. Stickers K and Company et Anna Griffin. Chipboards Making Memories. Brads Bazzill. Mesh Magic Mesh.

**Apprendre (page 60).** Papiers Daisy D's, Rusty Pickle et de récupération. Tag rond Making Memories. Mesh Magic Mesh. Brads Making Memories. Rub-ons Rouge de Garance.

**Encadrées (page 61).** Papiers BasicGrey. Rubans May Arts. Mesh Magic Mesh. Fleurs Prima Flowers. Brads Making Memories. Chipboards et tag rond Making Memories. Rub-ons Rouge de Garance et BasicGrey. Flipette 7Gypsies. Boutons Foof-a-la.

**Sous toutes les coutures (pages 62, 63).** Stickers Making Memories et SEI. Brads Bazzill et Making Memories. Fleurs Prima Flowers. Boutons EK Success et Foof-a-la. Rub-ons Creative Imaginations. Rubans May Arts. Tampons PSX et Hero Arts. Charm en métal All My Memories. Mesh Magic Mesh.

**Il était une fois (page 64).** Papiers Daisy D's, Scenic Route et 7Gypsies. Chipboards Making Memories. Tag et embellissements Foof-a-la. Ruban May Arts. Flipette 7Gypsies. Brads Making Memories. Boutons Foof-a-la.

**Circus (page 64).** Papiers Karen Foster, Cosmo Cricket et Chatterbox. Rub-ons Karen Foster et Rouge de Garance. Rubans May Arts. Brads Bazzill. Stickers Karen Foster.

**Motards (page 64).** Papiers My Mind Eyes et 7Gypsies. Chipboards Li'l Davis Designs. Brads Bazzill et Making Memories. Mesh Magic Mesh. Ruban noir Dymo. Rub-ons Scenic Route et Rouge de Garance. Rubans May Arts. Tampons Hero Arts. Fleurs Doodlebug.

**Tout d'une grande (page 65).** Papiers Making Memories, Crate Paper et BasicGrey. Foam stamp Heidi Swapp. Rub-ons Autumn Leaves. Fleurs Prima Flowers. Brads Making Memories. Stickers Anna Griffin.

**Jolies mômes (pages 66-67).** Papiers Autumn Leaves et Melissa Frances. Chipboards Heidi Swapp. Tampon Magenta et Autumn Leaves. Boutons Foof-a-la. Rub-ons BasicGrey, Rouge de Garance et 7Gypsies. Rubans May Arts. Stickers Carolee's Creation et Making Memories. Brads Bazzill. Etiquette en tissu « Love » , porte-étiquette et strass Making Memories. Fleurs Prima Flowers.

**Le bonheur (page 68).** Papier Chatterbox, Autumn Leaves et 7Gypsies. Stickers Mustard Moon et K and Company. Fleurs Prima Flowers. Boutons Foof-a-la. Rubans May Arts. Mesh Magic Mesh.

# Liste des matériels utilisés

**Les clés du paradis (page 69).** Papiers Daisy D's. Stickers Anna Griffin. Tag, brads et porte étiquettes en métal Making Memories. Twill Foof-a-la. Stickers Provocraft et Creative Imaginations. Fibres Making Memories.

**Féérie (page 69).** Papiers Daisy D's. Rubans May Arts. Brads Making Memories. Foam stamp Making Memories. Rub-ons BasicGrey. Stickers Creative Imaginations. Mesh Magic Mesh.

**Sibylle (page 70).** Papiers My Mind's Eyes. Tampon Hero Arts. Rub-ons Rouge de Garance. Porte-étiquette et brads Making Memories.

**Cali mon ours favori (page 70).** Papiers BasicGrey et Foof-a-la. Etiquette Melissa Frances. Boutons Foof-a-la. Chipboards Lil'Davis et Heidi Swapp. Brads Making Memories. Tampon Heidi Swapp et PSX. Foam stamp Heidi Swapp. Ruban noir Dymo. Rub-ons Rouge de Garance. Mesh Magic Mesh. Stickers SEI et Provocraft.

**Un air de musique (page 71).** Papiers My Mind Eyes, 7Gypsies et Daisy D's. Rubans May Arts. Stickers K and Company, Making Memories et Chatterbox. Fleurs Prima Flowers. Brads Making Memories et Bazzill. Cadre et bordure en métal Making Memories. Flipette 7Gypsies. Mesh Magic Mesh. Alphabet KI Memories.

**Joli chapeau (pages 72-73).** Papiers Scenic Route et Chatterbox. Chipboards Scenic Route et Heidi Swapp. Tampons, PSX et Magenta. Rubans May Arts. Fleurs Prima Flowers. Boutons Foof-a-la. Brads Making Memories. Rub-ons Rouge de Garance. Foam stamp Making Memories. Stickers SEI et Provo Craft.

**Home Sweet Home (page 74).** Papiers Foof-a-la. Tampon PSX. Moulure en bois Bricorama. Boutons Foof-a-la. Etiquette Melissa Frances.

**Sage à Noël (page 75).** Papiers BasicGrey. Rubans May Arts. Brads Making Memories. Chipboards BasicGrey. Flipette 7Gypsies. Tampons Hero Arts et PSX. Etiquette Melissa Frances.

**Amies (page 75).** Papiers BasicGrey et Making Memories. Rub-ons Foof-a-la. Stickers Making Memories et K and Company. Boutons Foof-a-la. Brads Making Memories. Mesh Magic Mesh.

**Je suis heureuse car... (page 75).** Papiers Scenic Route, Melissa Frances et Foof-a-la. Cardstock Bazzil. Stickers American Traditional, Li'l Davis Designs et K and Company. Cadre Daisy D's.

**La prunelle de mes yeux page 76).** Papiers Crate Paper et Rusty Pickle. Rub-ons BasicGrey et Rouge de Garance. Rubans May Arts. Mesh Magic Mesh. Brads Making Memories. Fleurs Prima Flowers. Stickers K and Company. Ruban noir Dymo.

**Rien que pour toi (pages 76, 77).** Papiers Crate Paper. Rub-ons BasicGrey et Rouge de Garance. Rubans May Arts. Mesh Magic Mesh. Brads Making Memories. Fleurs Prima Flowers. Stickers K and Company, KI Memories et Creative Imaginations. Ruban noir Dymo. Boutons Foof-a-la. Tampon Hero Arts.

**M comme Mariage (page 78).** Papiers K and Company. Chipboards et cut-outs K and Company. Stickers Making Memories. Brads Bazzill. Rubans May Arts. Boutons Foof-a-la. Fleurs Prima Flowers. Cricut. Coins photos Heidi Swapp. Embellissements en métal EK Success.

**Vous deux (page 79).** Stickers Making Memories. Boutons et rubans de mercerie.

**Encadrées (pages 80, 81).** Papiers K and Company. Rubans May Arts. Stickers et cut-outs K and Company. Dymo noire. Fleurs Prima Flowers. Brads Bazzill. Boutons Foof-a-la. Tampon Heidi Swapp, Magenta et Hero Arts. Ticket Deluxe Designs. Mesh Magic Mesh. Embellissements en métal EK Success. Charms 7Gypsies.

**3615 code Elisa (pages 82, 83).** Papiers BasicGrey, Daisy D's et K and Co. Fleurs Prima Flowers. Brads Bazzill et Making Memories. Tampons Hero Arts. Chipboards BasicGrey. Stickers Making Memories et K and Co. Rub-ons Autumn Leaves. Cricut. Rubans May Arts. Tag Making Memories. Twill DDDesign7. Ruban noir Dymo.

**Je suis au jardin (page 84).** Papiers KI Memories. Stickers BasicGrey et Jolee's EK Success. Tag métal Making Memories. Boutons Bazzill. Mesh Magic Mesh. Tampons PSX et Magenta. Rubans May Arts. Fleurs Prima Flowers. Brads Making Memories.

# Le carnet d'adresses

## Le blog de l'auteur

- http://www.cotescrap.canalblog.com

## Télécharger des polices de caractères

- http://www.abstractfonts.com
- http://www.acidfonts.com
- http://www.andynortnik.com/free-retro-fonts.htm
- http://www.dafont.com
- http:/www.fontfreak.com
- http://.www.fontgarden.com
- http://www.vintageclipart.com

## Télécharger ou acheter des images

- http://www.abovethemark.com/collagegallery/index.htm
- http://www.allposters.fr
- http://www.craftysecrets.com
- http://etc.usf.edu/clipart/sitemap/sitemap.htm
- http://www.grandmasgraphics.com
- http://www.heartwarmingvintage.com
- http://www.hollyhockfarms.com/dreamdolls/scraps/scraps1.htm
- http://www.thevintageworkshop.com
- http://www.vintagelabels.org

## S'inspirer des styles Shabby et Vintage

- http://www.artchixstudio.com
- http://www.cathkidston.com
- http://www.greatmusings.com
- http://www.melissafrances.com
- http://www.notooshabby.com
- http://shabbiestfinds.gotop100.com/index.php?
- http://store.inspireco.com
- http://www.thedecalcottage.com

## Acheter des fournitures

- http://www.acherryontop.com
- http://www.artchixstudio.com
- http://www.boitascrap.fr
- http://www.damedekit.free.fr
- http://www.lacompagnieduscrap.fr
- http://www.la-compagnie-des-elfes.com
- http://www.lifetimemoments.com
- http://www.madamescrap.com
- http://www.pause-creative.com
- http://www.scrapmagie.com
- http://www.variationscreatives.com

## Découvrir des galeries

- http://www.bestofcrea.com
- http://www.scrapscene.com
- http://twopeasinabucket.kaboose.com

## Développer ses photos

- http://www.mypixmania.fr
- http://www.photoweb.fr

# Lexique

## A comme...

**ALTERER :**
Consiste à changer ou à transformer l'apparence d'un objet en employant des techniques tels que l'encrage, la peinture, le collage, etc.

## B comme...

**BALANCE DES COULEURS :**
Fonction de Photoshop qui permet d'ajuster les tonalités des couleurs d'une photo de façon à les harmoniser.

**BRAD :**
Attache parisienne.

## C comme...

**CANVAS :**
Toile ou châssis de peintre.

**CHALK :**
Craie poudreuse qui permet de donner de la couleur au papier, c'est aussi une sorte d'encre qui imite la craie.

**CHIPBOARD :**
Elément décoratif fabriqué dans du carton.

## D comme...

**DINGBATS :**
Police de caractères représentant des images.

**DYE :**
Teinture de diverses couleurs.

## E comme...

**EPHEMERA :**
Consiste à collecter des images (tickets, cartes...) et des objets en volume (pièces de monnaie, clés...) qui seront collés pour orner et documenter une page ou un mini album.

## F comme...

**FILTRE :**
Fonction de Photoshop qui permet d'appliquer un effet à une photo afin de lui apporter de la fantaisie.

**FLEA MARKET :**
Equivalent de nos marchés aux puces et de nos brocantes.

**FONT :**
Police de caractères.

## G comme...

**GESSO :**
Sous-couche acrylique qui prépare les surfaces poreuses afin d'en améliorer l'accroche.

## H comme...

**HERITAGE :**
Style de page qui a pour but de documenter et de mettre en valeur les souvenirs familiaux avec des vieilles photos d'époque.

## J comme...

**JOLEE'S :**
Décoration dimensionnelle de la marque EK Success.

## M comme...

**MEDIUM MAT :**
Préparateur pour des couches d'acrylique ou d'aquarelle, il peut aussi servir de colle ou de liant.

**MESH :**
Matière flexible autocollante et « repositionnable ».

**MIXED MEDIA :**
Style qui consiste à combiner plusieurs médiums et techniques (peinture, collage, etc.) sur un support afin de l'altérer.

## R comme...

**RUB-ON :**
Décalcomanie, transfert.

## T comme...

**TEINTE ET SATURATION :**
Fonction de Photoshop qui permet d'ajuster la balance des couleurs et qui confère à la photo une atmosphère particulière.

## W comme...

**WALNUT INK :**
Encre liquide utilisée pour teindre ou donner de la couleur à diverses matières tels que le papier, le tissu, etc.

**WATERCOLOR :**
Aquarelle.

**Remerciements**

Un grand merci à Emmanuelle et Didier de m'avoir fait encore une fois confiance pour ce troisième livre.

Merci à mes filles, Elisa et Milla, qui sont mes principales sources d'inspiration, à mon mari Slavko pour sa patience, et à mes amies Sandra et Karilou pour leurs encouragements.

Merci à Juliette, Chloé, Laurence, Dounia, Naïma, Lily, Adrien, Mickaël, Shaïna, Marie, Linda, Laetitia, Tatiana, Mira, Katarina, Branislav, Léna, Sylvie, Guylenn, Sibylle et Mathys qui se reconnaîtront dans ces pages.



Imprimé en U.E.
Dépôt légal septembre 2007